Nimm das Leben, wie es ist.
Aber lass es nicht so.

Franz Müntefering

# Nimm das Leben, wie es ist. Aber lass es nicht so.

Gedanken, Reime, Geschichten

DIETZ

**Bibliografische Information der Deutschen Nationalbibliothek**
Die Deutsche Nationalbibliothek verzeichnet
diese Publikation in der Deutschen Nationalbibliografie;
detaillierte bibliografische Daten sind im Internet
über *http://dnb.dnb.de* abrufbar.

ISBN 978-3-8012-0672-7



Umschlag: Jens Vogelsang, Aachen
Umschlagbild: Nach einem Foto von Michael Gottschalk
Satz: Rohtext, Bonn
Druck und Verarbeitung: CPI Books


Printed in Germany 2024

Besuchen Sie uns im Internet: *www.dietz-verlag.de*

# Kapitel 1

# Vom Sinn des Lebens

# Hat das Leben einen Sinn?

Keine Frage,
wär doch schlimm,
wenn es keinen,
oft auch feinen,
hätte.
Wir hätten uns doch unterdessen
längst vergessen.
Aber: Nein. Du bist. Ich bin.
Das macht schon eine Menge Sinn.
Wenn wir ihn machen – zugegeben.
Eben: Und im Ernst. Ehrlich auf den Punkt:
Sag: Kann das Leben allgemein
– ganz allgemein! –
sinnvoll sein? Sag!
Ja. OK. Ich kenn die Frage.
Sie stellt sich alle Tage
mal mehr mal weniger.
Du weißt doch: Es gibt diese Sage –
Der allmächtige Schöpfer habe
Welt gewollt, Welt gemacht,
Sinn gesetzt, Sinn gegeben.
Ganz obendrauf das Menschenleben:
»Schöpfungskrone«!
Zugegeben ... Gar nicht ohne!

Nur blieb der Schöpfer
– großgeschrieben GOTT genannt –
seit ewgen Zeiten unerkannt.
Der Sinn kam so in Menschenhand.
Richtig, ja: in beide Hände.
Und diese Wende füllt nun Bände,
brachte Kriege, blutige Siege.
Nahm Religionen ihre Macht,
Göttern ihre Kirchenpracht.
Geblieben ist der Mensch, der kleine,
der gemeinsam, teils alleine,
sein Menschenleben lebt:
Willst Du noch mehr an Sinn?
Ich meine, nicht perfekt, doch immerhin.

Ach so, was mit dem Schöpfer ist?
Zu seinen Gunsten nehm' ich an:
Es gibt ihn nicht, den Allmachts-Mann.
Doch es gibt Menschen: Dich und mich ...
Alle. Millionen. Ich freue mich,
dass ich für eine Zeit hier bin.
Was braucht man mehr an Sinn ...?

## Was siehst Du mich so an!?

So!
Als ob ich Dir
nicht sagen wollte,
was ich denke über das,
was Du wissen möchtest ...
... ich
weiß es doch selbst nicht genau:
Seh' mich an ...
Aber dumm, nein.
Dumm bleiben wollen wäre dumm!
Zugegeben:
Ist höchste Zeit.
Es hat gedauert,
weil der Kopf
doch oftmals mauert.
Es ist nun spät
doch noch nicht zu –
und es gibt uns:
Sie und ihn und Dich und mich –
was meinst Du?

# Perspektive

Wir brauchen
die Basis – auf der wir – und
die Voraussetzungen – mit denen wir –
die Chancen aller Menschen
auf ein menschliches Leben
verbessern und sichern können.

Neu ist das nicht
das Suchen
– das ist wahr –
gute Anfänge
sind gemacht, viele
Menschen handeln.
Wir dürfen hoffen.
Und müssen trotzdem
– das sind wir Menschen auch –
mit Widerstand rechnen.
Keine Illusion.
Hass und Ignoranz
Hohn und Spott
Raketen und Bomben
Schläge und Schüsse
Mord und Totschlag,
Verhungern und Verdursten.

Alles »menschlich«.

Doch klar:
Wir dürfen uns nicht dran gewöhnen,
auch wenn die Täter uns verhöhnen.
Mitleid für sie ja,
aber reicht nicht.

Es wäre schlimm
und ohne Sinn,
wenn uns der Mut verließe
und das Grauen »Sieger« hieße.

## Das Gute trifft das Böse

– angenommen –
oder Böse trifft Gut:
»Sie Widerling.
Sie Missgeburt.
Sie Schlangen-,
ach, Sie Teufelsbrut.
Ich hasse Sie.
Und ich hass Sie.
Wir gemeinsam?
Niemals! Nie!«
(Weiter mit gepresster Stimme:)
»Doch nun geht es ums Prinzip.«
Klartext: Wir müssen konstatieren.
Eingestehen!
Wir haben beide das Problem:
Die Menschheit.
Nein: Der Mensch an sich.
Ja, der Mensch! Das stimmt.
Der Mensch sagt heute: Ich Ich Ich.
Der Typ ist wirklich widerlich
geworden! Will alles
selbst entscheiden.
Was wird nun aus uns beiden?
Dabei gab es uns schon immer.

Aufklärung? Ach.
Macht alles nur noch schlimmer.
Nur mit Zweifel, ganz im Stillen
sprachen wir vom Menschen-Willen.
Und schmunzelten ...
Wir wussten doch ...
Nun aber ist des Menschen Wille Star:
»Freier Wille! Wunderbar!«
Dabei häufen sich die Fragen:
Ist das »freie« Gute wirklich besser?
Das »freie« Böse schlimmer?
Oder ist der »Freier-Wille-Mensch«
ganz einfach dümmer?

Aus. Vorbei die Ketzerei.
Das kann's nicht sein.
Ich greife ein!
Freier Wille? Wovon frei? Und wozu?
Darum geht's.
Die Wahrheit steht:
Wie es mit Menschen weitergeht
entscheiden faktisch Menschen ...
... wir, du, sie, ich, die, alle ...
Verantwortung total!
So ist's nun mal.
Und zwar für alles.
Selbst für den Planeten.

Immer geht's ums Handeln. Nicht ums Beten.
Der Mensch. Der Mensch.
Wir Menschen miteinander, ja,
denken, wollen, sagen, tun.
Vieles.
Und wissen genau:
Es ist jetzt
... J E T Z T ! ...
allerhöchste Zeit
zu entscheiden,
zu handeln.
Das heißt: Tempo machen und sich sputen!
Die Vernunft rät laut !!! zum Guten !
Was denn – bitte – gut ist?
Doch! Das Gute ist erkennbar.
Allermeist klar benennbar.
Manchmal muss man streitend suchen, -
stimmt!
Und wisse: Gutes gibt's nicht nur total.
Es kennt auch Kompromisse.
(Denn aus manchen tollen Sachen
lassen sich schlecht Reime machen.)
Jedenfalls: Wenn sich die Richtigen
– ich sage mal: die Guten – unterhaken,
sind sie planetenweit die Starken.
Falls sie aber resignieren, dann ...
... darauf kommt es an.

## ••• außer man tut es

Klare Worte:
Gut ist gut.
Seid Partei.
Warum schweigen?
Fakten zeigen.
Helfen und sich helfen lassen ...
... Böses schassen!
Durchs eigene Tun fürs Gute werben.
Und Gutes braucht auch gute Erben.
Es liegt in unser aller Hände.
Konkret für Gut. Dem Bösen bald das Ende.
Mut zu Gut!
Moment!
Da klinkt sich ein der junge Held, die junge Heldin,
signalisiert
– ganz straff –
»gefällt«!
Aber?
... viel Gelaber.
Dann mach's doch besser.
Ok. Versuch's.
Fragen noch zur Lebenspraxis:
Niemand nur gut?
Niemand nur böse?

Richtig!
Die Front verläuft in jedem Menschen-Exemplar?
Auch das ist wahr.
Das heißt auch: Chance für alle mitzumachen? Ja?
Natürlich! Ja!
Alles klar.
Und?
Wir sind dabei.
Prima so: Schon wieder zwei.

## Von wegen Ducken

Nicht immer, aber auch nicht selten,
ist da dies und das, welches wir,
Expertinnen und Experten, die wir sind,
Beteiligte und Betroffene,
noch sagen könnten,
möchten, sollten, müssten.
Ergänzend, komplettierend.
Aufklärend.
Einfach genial auch. Na ja. Aber doch
– irgendwie –
es bleibt dabei,
ist nicht egal, im Gegenteil.
Gleichwohl, wir schlucken.
Schlucken runter,
Richtung Kläranlage
und wissen doch:
Dieser Weg ist nicht das Ziel.
(Doch Spülung und Parfüm bewirken viel.)
Es reicht.
Man muss doch nicht immer schlucken.
Beim nächsten Mal setz' ich auf Mucken.
Oder Spucken. Ohne Zucken.
Mund auf!
Sagen was ist!

# CNE – Chance Neue Erde

Angeblich lieben's selbst die Götter.
Und die Genies und auch die Spötter
schwören mit erhobener Hand
auf ihr Vaterland.
Das bekanntlich so entstand:
Diebstahl!
Kriege!
Raub!
Willkür!
Gesetze.
Alle betrieben sie die Hetze:
Päpste, Präsidenten, Kaiser.
Auch Generäle stets dabei.
Und selbst Weise nickten leise.
Die Reichen teilten sich die Erde.
Dass sie auf ewig ihre werde.
Verjagte flohen hin und her –
zurzeit steh'n sie am Mittelmeer.
Kurz: »Eigentum« heißt stets die Fabel.
Klar: Kain schwört drauf,
doch gerne auch der gute Abel.
Was nun? Geht das zu Ende?
Ist die Erde bald zu klein,
um für alle da zu sein?

Manche klagen, leis zur Seite:
Das Götter-Büdchen Erde sei wohl pleite.
Als Laie sag' ich: Gut, ein zweiter Stern,
doch der Planet darf niemandem gehör'n, –
kein qm.
Sonst sollten wir uns das ersparen
und besser gleich zur Hölle fahren.
Möchte jemand widersprechen?

## Kompromisslos konsequent ...

... sind nur Heilige und Verbrecher.
Verhindert,
dass diese Sorten Macht bekommen.
Wir brauchen Kompromissfähige.
Die gibt es.
Und gute Kompromisse.
Die gibt es auch.
Wir brauchen beide
in der Überzahl.

## Grüße an Herrn Steinemann

Alles also relativ
hohl und schief?
Nehmen wir an:
Es gibt keinen Zufall.
Es gibt keinen Plan.
Keine Zeit sowieso.
Bleibt grade Platz
für'n Gegensatz.
Bliebe, wenn es ihn giebe.
Bläbe, wenn es ihn gäbe.

Es gibt aber Dich und mich.
Wenn auch bei- und vorläufig.
Ganz alleine Arme, Beine
und der Zopf am armen Kopf.
Runde Birne mit Gehirne.
Knapp drei Pfund.
Ja, und und und?
Doch da das dünne wie das dicke Ende nie
oben unten wo auch ist und ich mitnichten Defätist,
lässt sich damit gut leben. Eben.
Ich hass' die laute Einsamkeit
auch die Pflicht zum Zeitvertreib.
Kritzel was aufs Schreibpapier.

Verstecke drin ein seltsam Tier.
... darauf fehlt mir nun der Reim,
kann das sein?
Tolle weiter,
grüße, nebenan,
in voller Fahrt Herrn Sisyphus,
den Steinemann.
Dem rollt er grad' mal wieder runter.
»Was machen Sie für Sachen?«
Wir seh'n uns an und lachen.

# Zielansprachen

(von August Bebel)
Vorurteilslosigkeit ist das erste Erfordernis
für die Erkenntnis der Wahrheit
und rücksichtsloses Aussprechen dessen,
was ist und werden muss,
führt allein zum Ziel.

•

Es gibt keine Befreiung der Menschheit ohne
die soziale Unabhängigkeit und Gleichstellung
der Geschlechter.

•

(von Albert Camus)
Wahrhaft überzeugt glauben, dass die Angelegenheiten
der Menschen ernst zu nehmen sind.

•

(von Hannah Arendt)
Politik ist angewandte Liebe zum Leben.

•

(von Willy Brandt)
Neben dem Frieden die Freiheit –
Freiheit von und Freiheit zu.
Von Not und Gewalt. Zum Tun,
zu praktizierter Mitverantwortung.

•

(von Helmut Schmidt)
Pragmatisches Handeln zu sittlichen Zwecken.

•

(von meiner Mutter)
Man zwingt einen Menschen nicht,
im Stehen zu essen.

•

(von Herbert Wehner)
Pass auf, dass Du nicht austrocknest.

•

(Karl, Berliner Genosse, als er hundert wurde)
Du musst das Leben nehmen, wie es ist.
Aber Du darfst es nicht so lassen.

# Kapitel 2

# Augenblicke

# Augenblicke

Wenn ich meine Augen schließe
und nach innen blicke,
sehe ich:
Mich. Irgendwie. Mal so. Mal so.
Oder anders. – Sehr sogar. – Na ja.
Ehrlich: Ich denke bald. Ich denke mir:
Für Innenblicke mag das reichen,
sympathisch, mal geheimnisvoll. Ach was.
Doch anzusehen. Ergebnis stets:
Ich einige mich bald darauf:
Ich mache meine Augen wieder auf!
Denn aus Erfahrung weiß ich: Wenn
ich diese Augen öffne, in die Welt, reinblicke,
hinaus, aus mir raus,
seh' ich Menschen, auch Getier,
auch den kruden Teil, glaubt mir ...
Doch realistisch abgewogen:
Ich sehe hin und seh' mich um
und denke so und denke mir:
Trotz alledem, trotz alledem –
DOCH!
Das soll noch lange weitergeh'n.
Ich will das alles wiederseh'n – oft.
AUGEN AUF!

## Beim Richtfest der Erde

– SCHÖPFUNG DER WELT genannt –
Waren nur wenige Menschen dabei.
Adam und Eva blieben bekannt –
auch weil sie mit dem neuen Verstand
nölten und maulten und Ärger machten,
laut über die Verbotsschilder lachten.

Neugierig sein fanden sie schön.
Aber – das war nicht gerne gesehen.
Menschen
sollten glauben, nicht wissen.
Trotzdem haben Eva und Adam
wollüstig in den Apfel gebissen:
Probieren!
Versuchen!
Halb Ernst – halb Spiel!
Eva und Adam verdanken wir viel.

Ums klar zu sagen, ungereimt:
So ziemlich alles!

# Begegnung

Sie lacht so
    spricht so
    blickt so
    geht so
vorbei.

# Blicke

Ihrer beider
Augen
grün-grau
tasten ab
als sie
von ihren Hochsitzen aus
sich sehen und
zu erkennen beginnen.
Interessant.
Aber wie
rückt man auf Hochsitzen
näher?

## Das Paar

Wie er
er trägt Hut
ihre Hand ertastet
ergreift
und
nach unten blickend
trippelnd
ihr Schrittmaß sucht
und findet
während sie
lächelnd
erzählt
und ihn ansieht.
Das Paar.

## Abend im Gasthaus ZUR ALTEN ORDNUNG

Er wüsste noch was
was er bei ihr ordern
– ordern? sagt man auch ordern dazu? –
möchte.
Aber, schade.
Denn sie – unterdessen – ordnet.
Ordnet Vasen auf den Tischen
Speise- und Getränkekarten.
Blickt
– wiederholt –
auf ihre Uhr.
Gleich Feierabend?
Oder
sie ordnet
seine bisher unsichtbare Order
doch
passend ein.
Und er ahnt
nichts.
Es bleibt wohl ungeklärt.
Die Ordnung
– jedenfalls –
bleibt unangetastet.

# Der Vorteil der Mitte

Klaus kam in der Volksschule,
in unserer großen Klasse
– über 40 Kinder, Nachkriegszeit –
immer als Erster dran,
wenn plötzlich abgefragt wurde
und das wurde oft,
irgendwas:
A[redacted]! – Nicht zu beneiden –
Das entschuldigte sogar,
dass er beim Fußball – na ja – mäßig war.
Nur ab und zu, willkürlich,
ich fand: bösartig,
Alphabet falsch herum: Z. Z[redacted], Werner.
Von ganz hinten an die Spitze. Der Arme.
Aber nie zuerst M. Denn M. ist die Mitte
von 26 Buchstaben. Gut so.
Lehrer fragten nach Alphabet ab, von vorn,
manchmal von hinten,
nie von der Mitte.
Als M. musste man nie Angst haben vor
Überraschungsangriffen.
Es gab den alphabetischen Puffer und Zeit
zum Nachdenken. Das prägt.

Allerdings: Geistesgegenwart und Blitzstart
trainiert man so nicht. Das Risiko ist ein anderes.
Adenauer, Brandt und Wehner waren gewieft: A-B-W-Leute.
Wie Klaus und Werner auch: A [redacted] und Z [redacted].
Zugegeben: Schmidt (Helmut) war auch gewieft. Sehr.
Auch Strauß. Heute Scholz.
Aber S ist ja auch immerhin Grauzone.
Und überhaupt – wie kann man das alles beweisen?
Und ich bin nun mal M.

# Liebeslied

»Mein Kopf,
mein armer Kopf,
zieht sich
Auswege suchend
selbst am Schopf
und windet ratlos
rastlos
sich im Schmerz –
was tun?
          Mein Herz
singt derweil Lieder:
›Ich hab' mich endlich wieder.‹
Ich weiß, die Sache ist nicht fair
und wieg' den Kopf, mal hin, mal her.
Jedoch, dem Herzen muss es passen:
Ich hab es nicht im Stich gelassen.«

## Bunte Gesellschaft

Der Schwarzgelockte
streichelt die Schulter der Blonden,
die den Glatzköpfigen anlächelt,
der die Hände der Rothaarigen hält,
deren Knie sich an dem des Unverzierten reibt,
dessen Schulter gestreichelt wird,
vom Schwarzgelockten …
Moment mal.
Was ist – Bedenken?
Nein – langweilig.

# Progressive Muskelentspannung

Wer
– in bequemem Sessel sitzend
– einer Flüsterstimme folgend
– bei Sphären-Musik
– oben beginnend
– Frau wie Mann, Mann wie Frau

so seine Muskeln entspannt
bis in die Zehenspitzen
schläft ein
die meisten jedenfalls
meistens jedenfalls.
Eine entspannte Gesellschaft.

Was
denkt sich derweil
der Super-Muskel Gehirn?

Man müßte doch was spür'n ...
Ich wärt's nochmal probier'n

## Wetten

Im Jahr zweitausendneunundneunzig
treffen zwei sich auf dem Mond.
Bisten Neuer?, fragt der eine,
wo haste sonst jewohnt?
Ick bin jeboren auf der Erde,
sagt der Neue ihm.
Ach, du kommst auch von drüben –
Berlin bleibt doch Berlin.
En Hackepeter später,
ne Runde Contra – Re,
»Sobald die Mietpreisbindung steht,
geht's wieder an die Spree.«

# Gesellschaften

»Erster!
Hier bleiben wir nich, sind Zweiter«.
Sagt eine im ICE
als die Tür schon wieder zufällt,
während die vier, fünf,
Luftschlangenbehangenen
– in Karnevalslaune, ach ja –
lachend und singend verschwinden.
»Primitive Gesellschaft«,
bemerkt jemand.
Ich lese weiter
in »Klassengesellschaft« –
noch einige Hundert Seiten
zu neuen Trends.
Auf der Anzeigetafel
an der Decke
steht »1. Klasse«.
Ich klappe das Buch zu und
betrachte die Landschaft,
durch die wir fahren. Die
ist ja unschuldig. Die Kühe
auf den Weiden schauen kaum auf:
ICE – na und?!

# Gedenktag

So würde es werden.
So ist es geworden.
So ist es.
So wird es geworden sein.
So wird es geworden gewesen sein.
So wird es gewesen sein.
So war es.
Ein Gedenktag findet sich:
So würde er werden ...

## Schnee

Weshalb?
Wenn doch der Schnee
dieser Schnee
unberührt
bliebe weshalb
verunstaltet ihr den Schnee
so er
ist doch unschuldig!

# Entbehrliches Erlebnis

...

...

...

wenn plötzlich
trotz
offenem Mund
            und
heftigem Suchen
Portionen
Sauerstoff
ausbleiben
und
unklar ist !!!
ob und wann
BALDIGST!
doch
    noch
        was
            kommt ...
GESCHAFFT, aber wie
in
der
Überschrift
richtig gesagt

## Der Tod

Augenblick
zwischen
Sterben
und
Totsein.

# Kapitel 3

# Lebenslang

## Das Älterwerden des Menschen in dieser Zeit

beginnt
– wie Älterwerden schon immer –
mit der Geburt
und endet
mit dem Ende des Sterbens, also des Lebens.
Das Mehr an individueller Lebenserwartung bedeutet,
dass wir
länger älter werden.
Länger älter werden
bedeutet nicht automatisch mehr Lebensqualität –
aber führt bei vielen doch dazu.
Es kommt darauf an,
dass wir Älterwerden lernen und klug praktizieren,
also realistisch, lebenslang.
Wir haben Einfluss darauf, ja!
Laufen, Lernen und Lachen helfen dabei, auch klar.
Aber,
wir haben auch unterschiedliche Meinung dazu,
was »gutes Altern« und »gutes Alter« heißen kann.
(Richtig, reimen muss sich das nicht.)
Jedes Menschen Chancen liegen
– in Maßen –
bei ihm selbst. Keine Illusion, aber auch kein Kleinmut!
Die Familie, Freundschaften, soziale Kontakte,

demokratische Gesellschaft und Staat haben
Mitverantwortung. Auch für die Phase des Sterbens,
die für alle Beteiligten Abschied und Trauer bringt.
Die aber doch auch gelingen kann. Sie ist ein Stück Leben.
Bewusst älter werden kann ein Gewinn sein
für das einmalige Leben.
Bewusst älter werden früh, fast von Anfang an.
Ohne Garantieschein, aber als Chance!
Länger älter werden macht Mut
und das ist gut!
(– Und reimt sich am Ende doch ein wenig, na ja.)

## Geburtstagsgruß (sehr persönlich)

An den Muskel, der Gehirn heißt:
Ich denke, es ist an der Zeit,
»dem Stübchen« heißen Dank zu sagen:
Für tausend Monat treue Dienste,
in guten und in schlechten Tagen.
Du, klasse Hirn, schenkst mir mein Ich,
mein Selbstbewusstsein, nicht alleine,
doch was wär' ich ohne Dich, –
ein leerer Kopf, ein Mensch zum Scheine.
Wie also dankt man solchem Muskel,
der sammelt und sortiert,
der Stau verhindert, Wissen ordnet
und hilft, dass man sich nicht verirrt.
Der Zuversicht vermittelt,
beim Reden wie beim Denken.
Also, die Frage steht:
Was kann ich meinem Hirn nun schenken?
Mein Angebot:
Hirn, blick nach vorn, vergiss die Bahre,
uns beiden bleiben noch X Jahre
zukünftige pralle Gegenwart.
Sei gescheit!
Ich bin bereit!
Klar: Auch noch für die Nachspielzeit.

## Die Liebe zum Leben

Wer die Liebe zum Leben
nicht verliert,
gewinnt.
(Richtig: Doch –
wer sie nicht hat,
kann sie nicht verlieren.
Wer sie nicht kennt,
vermisst sie eher nicht.
Und wer sie nicht sucht,
findet sie nicht.)
(Aber:
Wer sie sucht, kann sie finden.
Wer ihr begegnet, erkennt sie.
Wer sie vermisst, sucht sie.)
Und: Wenn wir sie teilen,
wird sie nicht weniger
und beide gewinnen:
Liebe zum Leben.

# Der Kern der Sache – 75 Jahre akut

Es steht fest:
Ich bin ich, bin Mensch.
Bin Solitär.
Bin Unikat.
Bin Demokrat.
Nicht irgendwer.
Wie denn auch identitär?
Als ob der Mensch auch das noch wär.
Wie sollte das geh'n?
Wir sind nicht schizo –
lasst uns ein Thema weitergeh'n!

»Alle Menschen sind frei und gleich an Würde und
Rechten geboren. ... Jede/jeder ist mit Vernunft und
Gewissen begabt.«
»Jede/jeder hat das Recht auf Leben, Freiheit und
Sicherheit der Person.«

So die Allgemeine Erklärung der Menschenrechte
der Generalversammlung der Vereinten Nationen –
10.12.1948 – 10.12.2023 ...
DANK ELEONORE ROOSEVELT !

## WIR: Mittelpunkte

Zufällig, aus den Augenwinkeln
(Es ist nicht meine Aufgabe, klar, aber man ist ja nicht desinteressiert und es ist gut fürs Betriebsklima, letztlich fürs Konto aller, wenn die Arbeiter den Eindruck haben können, beachtet zu sein.) …
Zufällig, aus den Augenwinkeln, bekomme ich mit, wie die AG I, schon schweißtriefend (war sehr teuer in der Anschaffung, die technische Unterstützung) die Kulisse um uns herum hochwuchtet und verankert und auch optisch richtet, während wir ja konzentriert dabei sind, mit Tiefgang auf den Punkt zu sprechen und die entscheidende Sekunde der Präsentation vorzubereiten. (Leider fällt eine Kollegin wegen Corona aus und wir müssen zu zweit bestehen. Geht so gerade. Drei kleine Kinder, in den Pandemiezeiten, klar, da kann sie einfach nicht hier sein.) Alle sind jetzt in Eile. Die AG II ist lärmsensibel dabei, das Dach aufzustülpen und die Außenansicht kameragerecht zu bekommen. Während die von der Oberaufsicht mit Akribie prüfen (Sprechproben und so …) – wegen uns, ja, doch – ob das alles klappen kann und uns aufmerksam (und ein wenig stolz, scheint uns – wir sind das Aushängeschild, das ist nun mal so) beobachten.
Es ist entscheidend, dass in der Mannschaft alle verlässlich

ihre Aufgabe erfüllen und die zentralen Entscheider in sichere Position gebracht werden. Doch, natürlich können in der Mannschaft auch Frauen dabei sein. Ich hatte ja eben das Beispiel.

(So, jetzt ist die Kamera auf uns gerichtet ...)

Nach diesem allgemeinen Vorwort

jetzt zur Sache:

W I R MITTELPUNKTE!

## So ist es

Das ist das Leben.
Genau genommen ist es so.
Genauer genommen aber so so.
Ganz genau genommen
ist es sowieso ganz so wie so.
Gelebt ist das Leben
einmalig.
Lasst es so.
Ihr wisst schon.
**Keine Alternative.**
Und ehrlich:
Ist doch gut so.
Nur die fälligen Veränderungen
nicht vergessen.

## Der Reihe nach

Neugier: Sie hat keinen guten Leumund,
Kann aber doch 'ne Tugend sein.
Ihr Fehlen kann Stagnation bedeuten.
Ihre Befriedigung auch.
So wenn einer fragt: Wie alt werd ich?

Prävention: Ist nicht so häufig wie Neugier.
Vorbeugung ist angesagt. Doch wie, wenn
die Beugung nicht zu erkennen ist? Oder
wenn man sie gesehen hat?
Ich lob die alten Sachen:
Laufen, Lernen, Lachen.

Leben: Gerne aufwachen, aufstehen, rausgehen,
essen und trinken,
denken, vor und über und nach,
lesen, hören, schreiben und sprechen
übers Leben, klar. Deshalb:

1. Wer schneller denkt, lebt länger.
2. Wer schneller geht, lebt länger.
3. Wer vernünftig isst und trinkt, auch.
4. Wer nicht (mehr) raucht, lebt länger.
5. Wer das Leben liebt, lebt länger.

3:2. Immerhin. Knapp dabei.
Das lässt hoffen.

# Unikat

Solang ich lebe, gibt es mich:
Ich bin ich. Ganzheitlich.
(Nein, alleine bin ich nicht.)
Denn: Du bist Du. Weil: Es gibt Dich.
Sie ist sie. Er ist er. Quer ist quer.
(Alle auch identitär? –
Nein, unmöglich. Nicht nur schwer.)
Und nebenher, in Lärm und Stille,
entsteht markanter »freier Wille«.
Ihrer. Deiner. Meiner.
Als Unikat sind wir geboren.
Manche verstopfen ihre Ohren,
Manche falten brav die Hände.
Manche fordern schlau die Wende.
Manche kennen wen, der's kann.
Manche packen selber an.
Dabei ist niemand außer sich. Jede, jeder immer Ich.
Schlussappell: Red' Dich nicht raus! Halt es aus!
Dass Du Du bist, einzigartig.
Keiner mehr als Irgendwer.
Doch auch keiner weniger.
Tu nicht so, ob kreuz, ob quer,
als ob da was identisch wär. Oder gar identitär.
Du bist Du.

# Rapunzel und die ewige Treue

Angelehnt an das Geländer kauert sie
auf der Haustreppe,
mitternachts.
Als er vor ihr steht, sagt sie gelangweilt:
Geh weiter.
Es regnet leicht, im März
sind morgens oft Eisflächen auf den Pfützen.
Ihr Haar.
Du hast schönes Haar.
Wie Rapunzel, ja.
Ist das Haar feuerfest?
Machen wir den Feuertest!
Oben? Oben!
In dem Nest.
Sie lassen Flammen ihren Lauf
und machen sich 'nen Reim darauf:
Klar!!
Feuer kann es immer geben.
Doch:
Dies Feuer ist fürs ganze Leben.
Also bleiben sie an Bord –
geben sich das Ewige Wort.
Ewig – gerne.
Selbst später unterm Maulwurfshaufen

bleibt auch noch Platz zum Stelldichein –
sei der Sarg aus Pappel oder aus Gestein.
Gleichwohl gibt's doch ein Problem!
Wie soll's denn in der Urne geh'n??
Mal seh'n.
Und vorerst reicht für diese Nacht dies Bett.

# Fragezeichen »Ruhestand«

Mag ja sein, das Wort RUHESTAND hatte mal einen gut gemeinten Sinn und eine gewisse Plausibilität in den Lebensverläufen der Menschen.
Das ist vorbei. Heute ist das Wort RUHESTAND ein kulturhistorischer Irrtum,
mindestens das.
Renten- und Versorgungsansprüche sind gesetzlich geregelt. Die medizinische Begleitung ist auf hohem Niveau. Aber RUHE ist nicht verordnet.
Im Gegenteil:
In unserer Demokratie haben auch die Älteren und die Alten ihre Rechte und Pflichten und ihre Funktion als vollwertige Bürgerinnen und Bürger. Sind gleichberechtigt beteiligt am gesellschaftlichen Miteinander, an Debatte und Meinungsbildung. Sie dürfen sich laut melden mit ihren Anliegen, wie alle. Sie sind bei Wahlen in unserer Demokratie eine wichtige Größe. In Familien und Freundschaften und Sozialen Organisationen wirken sie mit und helfen.
Sie haben erlebt und wissen:
»Helfen und sich helfen lassen« ist ein menschliches Prinzip, auf das alle Altersgruppen angewiesen sind. Die mit dem Lebensalter oft verbundenen körperlichen Einschränkungen werden beachtet, aber RUHE wird nicht auferlegt.
Im Gegenteil: Gesellschaft allgemein und Demokratie in

jeder Weise können die Älteren und die Alten als aktiven
und wirkungsstarken Teil des Ganzen erleben.
RUHESTAND insinuiert was anderes und ist ein
überflüssiges Wort,
das vergessen zu werden verdient.
Richtig, alle Teile der Gesellschaft haben ihre spezifischen
Probleme. Aber sagen darf man dieses doch:
RUHESTAND riecht nach STILLSTAND und DENKMAL,
nach NEBENSACHE und RAND,
nach VERGANGENHEIT.
Aber die zwischen 65 und 100 und ähnlich
leben und erleben GEGENWART. Und die zählt.

# Einsamkeit – Ein-Personen-Haushalt
## 1PH – Eine Petitesse?

Über das Große und Ganze dürfen Details nicht vergessen werden. Auch nicht und nie im eigenen Lande.
In einigen Städten in Deutschland gibt es mehr als 50 Prozent Einpersonenhaushalte, überall mehr als zuvor. Und es werden noch mehr. Bei der Zahl der Städte und bei den Einpersonenhaushalten. Meistens sind es junge Menschen, oft Studentinnen und Studenten. Sie kommen klar.

Zunehmend mehr leben alte und hochaltrige Menschen in Einpersonenhaushalten, verwitwet, isoliert, oft auch finanziell am Rande der Existenzfähigkeit. Nicht wenige physisch und psychisch nicht mehr in der Lage, soziale Kontakte zu halten oder neue herzustellen.

Sie leben einsam und sterben einsam.

Man könnte sie ja ansprechen, anrufen, ihr Status ist – wenn auch nicht immer im Hause selbst – im Computer der Stadt bekannt. Gilt da wirklich Datenschutz? Wie weit ist das weg von unterlassener Hilfeleistung?

Aber es gibt auch gute Beispiele, dieses Problem zu lösen. Prima.

Gute Beispiele bitte melden – eilt!

Stichwort – Einpersonenhaushalte alter Menschen.

## Sei's drum: Das absurde Leben

Das Leben ist beeinflussbar. Warum machen wir nichts Besseres daraus, statt es für absurd zu erklären?

(Das muss nun aber reichen für den obligatorischen Unsinn zur Absurdität des Lebens, der einem gerne abgefordert wird.)

## Sturzgefahren

Beides möglich: Sturz ins Glück oder ins Unglück. Vorsichtshalber gilt für beides: Nehmt die Anti-Sturz-Programme ernst. Sie retten Leben, solches und solches.

Menschen sind nicht für Stürze gemacht. Seit wir von den Bäumen runter sind, haben wir die Kunst verlernt, geschickt zu fallen. Und Teppiche als Stolperkante kannten die Vorfahren nicht. Nagelt die Teppiche an die Wände. Man sieht sie da auch besser, wenn man seinen Blick nicht zu sehr auf seine Fußspitzen richtet, was zu empfehlen ist.

Nieder mit den Stürzen! Vorsicht ist praktisch.
Bleibt aufrecht!

## Guter Tipp!

Atmen ist wichtig –
realisiert man instinktiv beim Start ins Leben.
Nicht zu tief.
Aber tief genug.
Und beides: Ein und aus.
Sonst verschrumpft man.
Oder platzt.
Atmen also durch Mund und Nase und Poren.
In der Wiege, im Kindergarten.
In der Schule, beim Sport.
Im Job.
Auch zu Hause.
Auch in der Partei.
Niemand muss einem das jemals sagen:
Atme!
Aber nun häuft es sich, am Geburtstag, zum Beispiel,
dass einem dieser oder jener,
diese oder jene (aufmunternd) sagt:
Atme weiter!
Manche sprechen ein Rufzeichen hinzu.
Ja, klar.
Was denn sonst.
Guter Tipp trotzdem.
Danke.

## Doch, doch. Nicht verdrängen

Nichts da: Ach!
Diese einmalige Chance nutzen,
leben,
sein,
für hundert Jahre oder etwas weniger:
Mensch sein.
Teil des Ganzen,
aber Ich.
DAS ist es.
Bei der Gelegenheit:
Liebe Eltern: Dankeschön!
Liebe Kinder: Bitteschön!
Ahnenreihen rauf und runter,
gern auch bunter.

## Wie lange dauert Gegenwart?

Angenommen, Gegenwart ist ein Punkt: Jetzt!
Dann: Vorbei! Die Gegenwart, die aus der Zukunft kam, ist in die Vergangenheit entglitten.
Und während ich hier tippe,
wächst die Vergangenheit (um einen Hauch)
und schrumpft die Zukunft (um einen Hauch).
Natürlich nur, soweit das in einer Ewigkeit möglich ist.
(Ein besonderes, eigenes Thema.)
Umgangssprachlich und lebenspraktisch kommen wir mit der weltüblichen Praxis klar:
Wir machen die Gegenwart fest an
besonderen Ereignissen,
Generationen,
Kalendern,
Jahrzehnten,
Wahlperioden,
90 Minuten Spielzeit beim Fußball.
Immer ist die Gegenwart das Prioritäre,
sie hat Vergangenheit und Zukunft in ihrem Geleit.
Denn auf die Gegenwart kommt es an.
Wir vertrauen ihr.
Die Gegenwart ist Realität.
Die Realität windet sich voran. Lässt die Zukunft hinter sich und gleitet in die Vergangenheit.

Leicht paradox – aber funktioniert.
Also – wie lange dauert die Gegenwart?
Bei einem klugen Wissenschaftler hörte ich,
Gegenwart dauert drei Sekunden. Das klang wenig,
macht aber trotzdem Mut:
Denn es gibt demnach tatsächlich
den Augenblick auf festem, geradem, ebenem Boden,
auf dem wir Menschen stehen können und
auf den wir angewiesen scheinen,
diesseits der Unmenge Vergangenheit
und der – gemutmaßten – Unmenge Zukunft.
– Wobei wir wieder bei der Gegenwart sind. –
Was machen Menschen mit der kurzen Gegenwart
– die ein Augenblick ist –, die in Permanenz existiert?
Das Wichtigste: Die Hoheit über die Realität und die Rolle
der Gegenwart zu bestimmen und zu leben.
Bei steigender individueller Lebenserwartung der
Menschen:
Je länger ein Mensch lebt, um so länger ist er gegenwärtig.
Und beim Älterwerden und Altsein braucht jeder Mensch
die Anerkennung seiner originären Gegenwärtigkeit,
in der er lebt.
Das individuelle Leben jedes Menschen
ist Vergangenheit und
(augenblickliche) Gegenwart und Zukunft.
Wir müssen das wissen und leben und erkennbar halten:
Gegenwart sind wir – jede und jeder – nur einmal, aber das

ununterbrochen. Gut so.
Diese pralle Gegenwart gilt für jeden Menschen sein Leben lang.
Anders: Das einzelne Leben darf nicht zertrennt werden in Vergangenheit, Gegenwart, Zukunft. Es ist eines!
Auch deshalb so wichtig und richtet sich an
die ganz Jungen bis zu den Alten und Hochaltrigen:
Lebt diese Gegenwart, die nie Stillstand bedeutet, sondern immer Bewegung und Veränderung. Lebt Euer ganzes Leben! Lebenslang!
Seid und bleibt gegenwärtig!
Unsere Vergangenheit, wo wir sie erinnern,
erinnern wir als Gegenwart.
Unsere Zukunft, wo wir sie erwarten,
erwarten wir als Gegenwart.
Denn nur Gegenwart erleben wir
und auch deshalb ist sie lebenslang
so wichtig. Die Ganze.
Die Gegenwart ist eine sagenhaft
spannende Zeit:
Drei Sekunden Permanenz plus
Erinnerung und Erwartung.
Diese Gegenwart wird länger und vielfältiger.
Es lohnt sich, sich der Gegenwart anzunehmen.
Bei bald 10 Milliarden Menschen weltweit
wird sie intensiver sein als je zuvor.

# 80 Plus

Aber gibt es denn wirklich – wirklich? – Über-80-Jährige,
also wirklich Alte (!), die noch engagiert sind,
zivilgesellschaftlich aktiv? Richtig, wirklich?
Kennst Du denn welche?
 – Ja, gibt es, und ich kenne welche.
Dann ... ja dann ... richtig Alte?
 – Nicht nur Einzelne ... immer mehr!
Ja ... dann!
 – Und dann Du auch.
... In dreißig Jahren.
Vorher einüben hilft.
 – Dann bin ich alt, ja.

# Kapitel 4

# Vom Sterben

# Tagesordnung Sterbetag

Der Sterbetag ist ein besonders wichtiger Tag im Leben. Mit ihm endet das Leben. Der Tod, der noch am selben Tag kommt, nach dem Sterben, ist nicht mehr wichtig. Der Tod ist nach dem Leben. Das Sterben ist der Abschluss des Lebens. Der wichtigste Augenblick nach der Geburt überhaupt.

Der Tod ändert nichts. Er ist nur einen Augenblick lang Gegenwart. Nicht Vergangenheit. Nicht Zukunft.

Was können wir vom Sterben wollen? Dass es gelingt:
Nicht zu früh im Leben.
Nicht ohne klaren Verstand.
Nicht zu schnell.
Nicht zu schmerzhaft.
Nicht einsam. Ganz wichtig!
(Und es fällt meistens auch was aktuell Wichtiges ein: z. B. Versand des Briefwahlscheins für die SPD.)

Man kann Sterben nicht üben. Es ist individuell, nicht vergleichbar, es ist einmalig, genau bei diesem Menschen. Aber – es ist nicht egal. Bei keinem.

Tja. – Ja, tja. – Wie wird das sein?
Jeder Mensch erlebt das an seinem Sterbetag.
Todsicher. Individuell.
Wir werden es erleben.
HAT ABER ZEIT.

# Vom Sterben

Wann beginnt das Sterben des Individuums? Wenn der Prozess unumkehrbar ist. Wann ist er unumkehrbar? Mit der Geburt? So ist es!

Aber dieser unvermeidliche Weg vom Sein zum Nichtmehrsein ist nicht gemeint, wenn wir Menschen über unser Sterben sprechen. Wir meinen das letzte Stück individuellen Lebens, das der einzelne Mensch hat, bewusst oder schon ohne Bewusstsein.

Dieses Sterben kann Monate dauern, Wochen oder Tage. Oder aber auch nur Minuten, Sekunden. Kann sein, dass man nicht genau weiß, ob das nun das individuelle Sterben ist, konkret, definitiv. Oder vielleicht doch noch nicht. Dass Rettung gelingen kann, vorerst.

Wer wirklich schwer erkrankt oder total erschöpft ist und bei Bewusstsein, hat als Mensch sein Sterben vor Augen. Dass die Frist bis dahin ungewiss ist. Meistens – nicht immer – ist es wohl so, dass der konkrete Mensch – sterbenskrank – durch ärztliche Diagnose oder intuitiv weiß, dass seine Lebenskraft endet und er infolgedessen sterben wird, jetzt oder sehr bald oder auf Sicht. Sterben ist überwiegend eine Lebensphase, die eine unbestimmte, individuelle Dauer hat. Es gibt auch ungeahntes, plötzliches Sterben durch Kollaps, Unglück, Mord. Suizid kann sekündliches Sterben bedeuten, mit selbstbestimmtem Tag und garantierter Uhrzeit. (Suizid mag ich nicht. Denn meistens mag er das Leben nicht. Ich aber. Bis jetzt schließe ich aus, dass ich freiwillig gehe.) Das wird sich nie ändern.

Und: Die Kunst der hospizlich-palliativen Betreuung und Begleitung im Sterben ist nicht neu, hat aber in den jüngsten Jahrzehnten eine erfreuliche und intensive Form und engagierte Helferinnen und Helfer gefunden. Das ist ein großer Fortschritt an Lebensqualität, der auch intensive gesellschaftliche Unterstützung verdient. Sagt, wie bei Euch gestorben wird, so wird deutlich, welche wirkliche Lebensqualität für Menschen dort erreicht ist.

Der Sterbeprozess kann beeinflusst sein von der Antwort auf die Frage, ob der sterbende Mensch um jede Sekunde Leben kämpft und das auch von der Medizin erwartet. Oder ob ihm die Qualität seiner letzten Lebensphase wichtiger ist als die absolute Lebensdauer nach Tagen und Stunden und Minuten.

Was nicht heißt, dass Lebensqualität und Lebensquantität immer oder auch nur oft Widersprüche seien in dieser Lebens- und Sterbephase.

Liebe zum Leben ist immer möglich und unübertroffen. Das hat mit dem sterbenden Menschen zu tun und denen, die ihm nahe sind, und denen, die ihn medizinisch versorgen oder pflegend begleiten. Liebe zum Leben schminkt das Sterben nicht schön. Die Realität zeigt: Tränen und Trauer und Angst und Schmerzen sind da, und oft dominieren sie, verständlicherweise.

Und trotzdem: Dieses Stück Leben, das Sterben heißt, kann gelingen. Dass Menschen friedlich und ohne große Schmerzen sterben, das passiert alltäglich, man darf hoffen: überwiegend. Ganz wichtig bleiben die Kontakte zu Menschen, die einem nahe sind. Einsamkeit kann verheerend wirken. Also sollten wir – auch und gerade – im Älterwerden soziale Kontakte pflegen oder aufbauen. Rechtzeitig.

Aber nicht das Sterben zum Hauptgegenstand des Denkens und Redens und Handelns machen. Das Sterben geschieht garantiert, sowieso. Nicht verdrängen. Nicht leugnen. Lassen wir weiter das Leben dominieren. Es bietet mehr.

Das mit dem Sterben, das hat Zeit.

Trotzdem kurz zu denen, die »einem im Leben nahe sind«. Fast jeder und jede hat eine oder einen oder mehrere. Es gab sie und gibt sie und sie wissen das auch und empfinden das auch so. Gut, dass man im Totsein nicht mehr wissen wird, dass sie alle einem nun auf immer fehlen werden. Sonst hielte man das Totsein nicht aus.

Aber wie gesagt: Das hat noch Zeit mit dem Sterben. Und mit dem einen oder anderen ist bis dahin auch noch ein »Wörtchen« zu reden.

## Es lohnt sich

Das stimmt, ja. Niemand ist vorher gefragt worden,
ob er Mensch sein will,
als Mensch leben will,
wie intensiv,
wie lange.
So leben wir,
schlafen, essen, trinken,
in Familie, Beruf, Freizeit,
denken, sprechen, lesen, schreiben, singen,
arbeiten, stellen her, handeln,
vermehren uns, meistens gerne,
sterben und enden damit.
Milliarden ...
... doch. Die allermeisten Menschen wollen es so.
Tun es so.
Die meisten heute länger als die, die vor uns lebten.
Prima, das Ganze.
Einige wollen aber
– gleichwohl –
– irgendwann –
nicht mehr ......... im Leben bleiben,
sehen und preisen den Suizid als Ausweg
aus Not, Leid, Depression, Überdruss, Resignation,
Arroganz, Mode .........

Manche haben die Liebe zum Leben verloren.
Auch die Kraft und den Mut,
den Stein wieder hinaufzurollen ...
... was anstrengend wäre (immer ist) –
das stimmt.
Aber!
Wir müssen ihnen helfen, leben zu wollen,
denn dieses Leben
ist auch ihre einzige Chance.
Und
SISYPHUS WAR EIN GLÜCKLICHER MENSCH.

# In einer dieser Städte

»Ick verloh mi opet Stinken«, sagte ein geschätzter Nachbar in meiner Kindheit, wenn es um die Frage ging, wo und wie er denn seine letzte Ruhestätte haben wollte, falls er mal stürbe und das zu klären sei. »Ich verlasse mich aufs Stinken.« Es wurde bei ihm – wie vor 60, 70 Jahren ziemlich regelhaft in unserer kleinen Stadt – ein Familiengrab. Er im einfachen Holzsarg auf dem örtlichen Friedhof. Später kam seine Frau hinzu.

1945 oder 1946 – es gab fast nichts zu kaufen in den Geschäften – hatte er seiner Tochter Mia und mir unter dem Absender »Christkind« Weihnachten je ein selbstgeschnitztes und bemaltes Steckenpferd geschenkt – unvergessliche Reiterlebnisse auch im Schnee – und natürlich waren wir clever genug, ihm das mit dem Christkind zu glauben. Er sprach nicht viel, aber ich vergesse ihn nie.

Irgendwann im Leben fällt einem ein, dass man noch nicht vorgesorgt hat, was denn mit einem selbst passieren soll und wird nach dem eigenen Sterben. Hat zwar noch Zeit, aber wird ja kommen der Tag.

Ich mache keinen verbindlichen Detailplan, wäre aber dann gerne im Sarg oder in der Urne

in der Erde

in Sundern/Sauerland oder

in Bonn oder

in Berlin oder

in Herne

in einer dieser Städte, in denen ich in dieser Reihenfolge länger und gut gelebt habe, endgültig zu Hause. In einer dieser Städte.

Ich mache in dieser Auswahl offen mit und grüße alle gleicherweise und bedanke mich: War schön bei Euch!

NB. Diesen Dank werde ich nicht mehr an die Städte richten können, wenn es denn soweit sein wird. Also hinterlege ich ihn hier.

## Die Pandemie hat's gezeigt

Altenheime brauchen Räume, in denen auch in Zeiten
des Ausnahmezustands Menschen menschlich sterben
können. Wo andere Menschen, Verwandte und Freunde,
sie besuchen und im Sterben begleiten können.
In manchen Hospizen und auch in manchen Heimen und
in Krankenhäusern gibt es solche Räume.
In vielen Einrichtungen aber noch nicht.
Die Hospiz-light-Funktion von Heimen im normalen
Alltag muss im Sterben garantiert sein, in Ausnahmezeiten
der Pandemie zumal. Das muss Gesetz werden – bald! –
und so verbindlich.

## Ach der. Der Tod.

Der Nach-dem-Sterben.
Der Vor-dem-Totsein.
Der macht nichts.
Der ist nichts.
Der tut nichts.
Der heißt einfach so.
Den erlebe ich ja nicht mehr.
Der kann mich mal.
Und nur einmal.
Ein Wimpernschlag.
Der Tod.
Ach der.

# Kapitel 5

# Ermutigung

## Der Hunger kommt beim Essen

In Sattheit plötzlich drüber stolpern.
Sich den Stolperstein ansehen.
Von allen Seiten. Ihn umdrehen.
Aufschreiben, was man findet.
Im Schreiben das Thema suchen
Und benennen.
Probleme erkennen.
Fragen stellen.
Antworten erhellen.
Drüber schlafen.
Sich korrigieren.
Antworten finden
und einen Schluss.
Kann dauern ...
Und dauern ...
Darf dauern ...
»Der Hunger kommt beim Essen«,
sagt die Weisheit.
Die hoffentlich auch beim Schreiben.

# Worte

1. Ant-
2. Bei-
4. Dankes-
5. Ehren-
6. Falsches
7. Großes
8. Hass-
9. Ist-
10. Ja-
11. Kraft-
12. Lach-
13. Macht-
14. Nach-
15. Offenes
16. Pass-
19. Schluss-
20. Tu-
21. Un-
22. Vor-
26. Zu-Wort.

Das sind 20 von 26 Buchstaben des Alphabets. Eine ganze Menge. Und für die Fehlenden lässt sich leicht was kreieren:

3. Care (seit 1945 ein geschätztes Wort)
17. Quark- (Zwischenruf im Bundestag)
18. Re- (beim Doppelkopf)
23. Wut-Wort (Merz antwortet Scholz, bevor seine Union ihn klarstellt)
24. XI-Wort (»auf Chinesisch«)
25. Y (verwörtlichter Buchstabe)

An richtigen Worten muss es also nicht fehlen.
Man sollte aber auf die Reihenfolge achten.

## Knappe Beweisführung

Können Menschen, die kein Gehirn haben, menschliches
Bewusstsein haben?
Nein, natürlich nicht.
Also haben alle Menschen ein Gehirn.
Ja.
Können Menschen, die keine Seele haben, gottgläubig
sein?
Nein, wohl nicht. Aber das sieht ja niemand.
Was?
Können Menschen, die sich mit anderen Menschen sehr,
sehr, sehr ähnlich empfinden, mit diesen anderen
Menschen identisch sein?
Nein, natürlich nicht.
Also sind alle Menschen Unikate?
Ja!
Und alle Menschen sind Menschen?
Ja!
Alle gleich?
Nein!
Alle gleichwertig?
Ja!

## Die Sicherung der wichtigen Worte und Zusammenhänge

Er wusste mit der Zeit immer mehr, eine Menge, hatte aber längst nicht für alles Worte und wenn er sterben würde, und er würde ja, würden diese ungewussten Worte – vielleicht? wahrscheinlich! – verloren sein auf immer, was niemand (?) wüsste, aber wirklich schade (!) wäre und was ihn immer mal wieder bewegte zu nicken und zu sagen:

»Ich denk drüber nach.« »Klingt überzeugend.«

»Versuche, es aufzuschreiben.«

Der klärungsbedürftige Berg – schien ihm – wuchs und wuchs.

Wer hätte ihm das Gegenteil beweisen können. Und so werden doch einige Worte und wortlose Gedanken nicht verloren gehen ...

Denn er ist zur Klärung fest entschlossen.

Und es gibt wirklich triftige Gründe, ab und zu zu nicken und zu sagen: Bin mittendrin. Klappt ja vielleicht morgen oder nächstes Jahr oder ... jedenfalls gewinnt er Lebenszeit.

## Peter Rühmkorf
(Jederzeit plötzlicher Literatur-Sonderpreisträger)

Er sei gerühmt
gekorft und auch gepetert
                        geht dat?
                        Mal sehen.
Er lacht
und macht
sich darauf seinen Reim
                        ein
bunter Vogel aus dem Paradies
                        er ließ
die Blätter fallen, schenkte gern
                        uns einen Kern.
Seht doch!
UNSCHLAGBAR!

### Zeitgenössischer Reim
### von Peter Rühmkorf

… Ich bin der Kohl und bin der Kolk
der Rabe, schwarz wie Priem.
Ich liebe das gemeine Volk
und halt mich fern von ihm.

# Zum Beispiel Papst

Manche Zitate sind Verstümmelungen. In der Interpretation können sie Missverständnisse auslösen. Beispiel: »SPD-Vorsitzender sein ist das schönste Amt nach Papst.« So weit, so gut.
Papstsein hat doch beeindruckende Aspekte. Stimmt, SPD-Vorsitzende/rsein auch. Ja, sowieso.
Als Papst und als SPD-Vorsitzender muss man aufpassen, dass man kein Scheinriese wird, die Bücklinge nicht überbewertet, einem die große Mütze nicht vom Kopf fällt oder über die Augen, man seine eigenen Worte nicht für sakrosankt hält.
Dass die Zweifel am Ganzen und an den Worten nicht größer werden und die Gläubigen nicht weniger und die Desinteressierten nicht mehr.
Ich bleib bei meiner Bewertung. Beides was Besonderes. Fahnen, Historie, Ansprachen, Lieder, Gebote beiderseits. (Weihwasser, muss ich zugeben, hatten wir nicht. Und statt Absolution kann der Parteivorsitzende nur eine Schiedskommission anbieten).
SPD-Vorsitzende/r ist etwas, das man gerne ist.
Dass Papst Franziskus gerne Papst ist, sieht man ihm an. Allerdings, als Vorsitzender der deutschen Sozialdemokratie hätte er es leichter. Sag ich aus Erfahrung.

## Kurze Sätze

Sie sind nicht gut an sich und auch nicht immer klug. Nicht immer vorteilhaft. Klar. Aber die Konzentration, und damit verbunden die Kürze der Sätze, helfen nicht selten, verständlich zu bleiben. So deutlich zu sein. Was ja wichtig ist. Oft ist das ein wichtiger Grund fürs Sprechen: Klarheiten auszutauschen. Ihnen Worte zu geben.

Zugegeben: Manche – auch feinsinnige, hilfreiche – Differenzierung findet so keinen Platz mehr. Manchmal unterbleiben Zuspitzungen, weil der Platz für sie fehlt. Oder weil Wortmenge mit Textqualität verwechselt wird.

Aber keine Ausrede: Schwafeln bleibt auch in kurzen Sätzen eine menschliche Gefahr. Doch kurze Sätze können echte Delikatessen sein.

Kurz (natürlich): Kurz ist nicht in jedem Fall gut.
Kurz kann aber gut sein.
Kommt drauf an, ob ...
Und mir ist kurz lieber.
Und meistens werde ich so besser verstanden.

Resümée: Jedes überflüssige Wort weg.
(Dies ließe sich auf drei bis vier Seiten auch noch genauer begründen.)

## Stufenplan Sicherheit

1. Gott im Himmel,
der mich beobachtet,
wird sich meiner erbarmen,
wenn er mich dann ruft.
2. Gott im Himmel,
wenn es ihn da gibt,
wird sich meiner armen Seele erbarmen,
wenn ich eine habe.
3. Gott im Himmel,
wo er sein sollte,
würde sich meiner armen Seele erbarmen,
wenn ich eine hätte.
4. Gott, wenn es ihn gäbe,
würde im Himmel, wenn es den gäbe,
Erbarmen haben mit mir
und mit meiner Seele, wenn ich die hätte.

Vier ordentliche Alternativen:
Man wird sehen.

## Wir Erfinder*innen

Was noch fehlt, erfinden wir,
der Mensch ist halt ein kluges Tier.
Ob es Zeit gibt oder nicht,
für Menschen hat das kaum Gewicht.
Wo wär denn Anfang, wo wär Ende,
wenn die Zeit ganz einfach stände.
Ja, oder stünde.
Dafür gibt es gute Gründe.
Doch bleibt's wohl bei der Menschenzeit
bis in alle Ewigkeit.
Egal. Amen.
Habt mit Euch Erbarmen.
Draußen ist grad Winterzeit.
Und ich tipp im Warmen.

## Die Welt und ich

Dort ist die Welt.
Ich bin hier.
Kann das sein?
Ich meine: nein.
Also ist die Welt nicht dort
und ich bin auch nicht hier.
Ist das wirklich wahr?
Na ja...
Vielleicht bin ich ein Teil von ihr,
die Welt ist halt ein Riesen-Wir.
Ich bin dann ein Mann von Welt
und Ihr, Ihr seid mein dicker Held.
Ich bin dann ich,
bin ganz groß klein.
Das wird so sein.
So reimt der Reim.
Ich schlage ein!

# Kapitel 6

# Vom Wissen und Können

## Das Leben nehmen, wie es ist …

Wir Menschen haben in Millionen Jahren etwas aus uns gemacht. Haben unser Gehirn in Schwung gebracht und ausgebaut. Sind jetzt stolz auf die neuen künstlichen Gehirne, die anregen und helfen sollen – nicht bestimmen. Und fragen uns leise, was wir mit dem, was wir dann können, anstellen wollen. Oder sollten!

Essen und Trinken für alle. Gesundheit. Heile Umwelt – Gutes Klima. Keine Kriege. Keine Gewalt. Freundschaft und Frieden und Demokratie.

Zu alldem lieferten 2022 und 2023 bedrückende Geschehnisse und Erkenntnisse.

2024 hat die Welt zusätzliche Zeit zur Umkehr zur Vernunft – wir haben ja ein Schaltjahr. (Soll sarkastisch und immer noch empört klingen. Aber die Realität ist drastischer als jedes gezielt provokative Wort.)

Wie auch immer. Trotz alledem: Wir Menschen (ja, nicht die Menschheit, sondern wir Menschen) müssen wissen, was wir wissen müssen. Und können, was erforderlich ist für die nötige Orientierung. Und was aus unserem Wissen machen. Auch Lachen. (Aber nicht sich totlachen). Gut – Was noch?

Wir müssen mit Hilfe der Wissenschaften verstehen, was in der Welt, in Europa und bei uns geschieht, auch im All und mit dem Planeten Erde. Mit Menschen und für Menschen und durch Menschen. Die schon zitierte Liebe zum Leben kann helfen. Persönlich. Und in Solidarität gemeinsam gelebt, ist sie Treibstoff und Orientierung für das Gelingen des Experiments Erde, vielleicht Welt.

Die Gleichwertigkeit aller Menschen ist unverzichtbarer Maßstab für alles Denken, Wollen und Tun. Am 10.12.1948 bekam sie als »Menschenrechts-Deklaration« der Vereinten Nationen Zustimmung von der großen Mehrheit der Staaten. Alle hatten wohl das Sklaventum, den Kolonialismus, Kriege und die Atombombe als Realitäten vor Augen. Gibt es 2024 noch eine überzeugende Mehrheit dafür? Ohne sie kommt/käme die Idee der Demokratie auf die Rutsche.

Neutralität in essenziellen Fragen wie dieser kann es nicht geben. Darf es nicht! Nichthandeln aber auch nicht, denn es lässt Missbrauch und Verbrechen zu. Aktives und passives Handeln sind beide wesentlich für das Gelingen. Aktiv ist sicherer. Wir möchten uns die Augen zuhalten: Kriege, ertrinkende Flüchtlingskinder, Katastrophen, Irrlichter – immer mehr, immer größer, immer furchtbarer.

Nichts zu beschönigen.

Und trotzdem: – Wir Menschen sind nicht am Ende. Der weitere Weg ist nach Richtung, Begehbarkeit und überzeugendem Ziel nicht entschieden. Aber möglich, definitiv.

Wir wissen: Das Gute kommt selten von alleine.

Aber wir sind ja erfahrene Pfadfinder und – versprochen – lassen das Leben nicht so.

Starke Worte – Oho!

# **XXX**-Priorität

Wenn es für uns das Wichtigste gibt, subjektiv und/oder objektiv – und das kann ja so sein –
nennen wir es hier **XXX**. Das heißt: Nichts anderes ist so wichtig wie **XXX**. Das führt auch zur Frage: Was ist zwar weniger wichtig, aber nicht völlig unwichtig? Wer oder was sind **XX** oder **X**?

Wir müssen uns entscheiden – nein, wir müssen entschieden sein –, was uns **XXX** ist und was **XX** und was **X** und so weiter.

Was ist »so weiter«? Tauchen da neue Sachverhalte oder Ideen auf? Man darf ja nicht voreilig entscheiden, aber auch nichts übereilt verstolpern.

Sonst endet man bei den Kategorien Egal oder Konfus. Und das wäre »nicht optimal« bis »absolut falsch«. Also »Einmal richtig« – »Lange richtig« oder »Immer«? Meinung und Urteilsfähigkeit zu entwickeln und zu nutzen, auch für begründete Veränderungen, ist demokratisch.

Ja, ja, ja – Beliebigkeit bleibt falsch. Das Fähnchen in den Wind stellen auch. Aber die Meinung Meinung sein zu lassen und sich auf die Urteilsfähigkeit zu verlassen, spricht für Verstand.

Und für Vernunft. Und die beiden sollten wir zum Nutzen unserer Demokratie pflegen. Dreimal **X**!

# Lesen … und … Tun

Niemand braucht tausend Bücher. Dreißig oder so ähnlich reichen. Aber woher könnte man vorher wissen, welche dreißig das sind?

Die Wahrheit ist: Man braucht sehr viele Bücher als Fundstelle. Und Nachschlagewerke bleiben sie natürlich alle.

Aber ab und an gibt es dann eines, da blickt man in den Spiegel: Das muss ich genauer wissen.

Bei der Begegnung mit Franz Kafka war das so. Bei Hannah Arendt. Bei Albert Camus mit besonders starken Ausschlägen. Soweit Namen, wohl nicht verwunderlich.

Lesen und Tun heißt eigentlich Wissen und Politik. Zur Frage, ob Zeitungen Bücher sind. Andere, sicher, aber ja, sind sie. Die Mischung aus Aktualität und Vergleich und Kommentar macht hohe Qualität und es ist ein unvollkommener Morgen, wenn sie fehlen.

Man kann sie auch von hinten nach vorne lesen, Auszüge stapeln, natürlich dürfen Handy-Artisten im Zug amüsiert grinsen, wenn Zeitungsleser/innen ihre Zeitung zerreißen (um wichtige Passagen vor dem Mülleimer in die Aktentasche zu retten).

Kurz: Gute Bücher und Zeitungen gibt es in Deutschland. Aber so viele nun auch nicht. Aber immerhin. Das freut den Freund der Demokratie. Die nächsten Jahre werdet Ihr gefordert sein. Die Demokratie zählt auf Euch.

Auch auf die Rundfunk- und Fernseh-Angebote. Kurz! Wer will, kann Bescheid wissen. Faktisch und sachlich korrekt und in den Meinungs-Spalten offen engagiert. Neue Medien nicht zu vergessen. Für die Jungen selbstverständlich, für die Alten eine ungeliebte Chance.

Eigene Zeit, etwas Geld und die eigene Schnüffelnase. Dann klappt es.

Und – man braucht noch Freundinnen und Freunde, neben der Familie, um bei Bedarf zu diskutieren. Parteien und Vereine eignen sich auch. Denn erst beim Reinstechen und Umdrehen kapiert man manches wirklich. Auch die Funktion in der Demokratie.

Solange morgens die Zeitungen kommen, werden die Meinungsmacher die Urteilsfähigen nicht mundtot machen können und können alle Demokratinnen und Demokraten sich freuen.

Gute Zwanzigerjahre denn!

»Rückfrage« – Es lebe der Stammtisch, original?<br>
Oder kopiert??<br>
Warum nicht?

## Fortschritt als individuelle Lebensleistung

Was merken.
Was ahnen.
Was suchen.
Was erfahren.
Was sehen und hören.
Was lernen.
Was wissen.
Zeit nutzen.
Zum Probieren.
Einsichten gewinnen.
Was können wollen.
Was bewegen können wollen.
Was verbessern können wollen.
Das beurteilen können.
Das bewegen können.
Das verbessern können.
Was optimieren können.
Das mit anderen abstimmen wollen und tun.
Die Gedanken sind frei.
Aber sie lösen keine Probleme.
Das müssen wir Menschen selbst tun.
Zusammen mit anderen.
Dann kann Demokratie gelingen.
Das kann in der Demokratie gelingen.

# Keine Sorgen?

Kann es ein Nichts geben?
Sprachlogisch: Nein. Denn das wäre ja ein Etwas.
Kein Nichts.
Ein Etwas kann sich verändern?
Ja.
Und wenn sich doch ein Nichts verändert?
Dann war es kein Nichts.
Können wir ein Nichts begreifen?
Nur in seiner Nichtigkeit.
Wie kann man die beschreiben?
»Nichts« ist ein Hilfswort, für das wir Menschen
(einige Wissenschaftler vielleicht doch)
kein plausibleres Wort haben.
Behindert uns das bei unserer Orientierung?
Nein. Das ist wie bei oben/unten. Wir haben
Begriffe und Gebrauchsformen, die passen.
Das funktioniert.
Dann muss man sich wegen des nichtigen Nichts
keine Sorgen machen?
Wozu auch. Sorgen haben wir schon mit dem Etwas.

# Deutschland und die Mitte

Deutschland liegt in der Mitte Europas. Geografisch.
In etwa.
Das ist interessant, sagt man. Für Europa und für
Deutschland.
Deutschland selbst hat keine Mitte oder mehrere –
denkt man oder denkt man nicht.
Und ist das denn überhaupt wichtig?
Hauptsache doch: Ein gutes Ganzes! Ja! Pfeif auf die Mitte?
Oder ist es – doch – wichtig,
dass oder ob Deutschland
außer OST und WEST
und NORD und SÜD
in der Mitte 'ne Mitte hat?
Ja – geografisch. Alles nur geografisch.

## Raus mit der Sprache!

Ich höre, lese, sehe manches.
Darin Gutes, wundere mich,
wer wie was so alles weiß.
Bei mir macht das Gedanken heiß.
Doch sind's ja nicht meinige,
außer – manchmal – einige.
Ich plaudere sie munter wieder raus
und mach 'ne Strategie daraus.
Doch höre ich dann Jajaja,
das ist doch längst schon alles klar.
Aus!
Mist!
Doch nun kommt Helmut Schmidt ins Spiel.
Helmut Schmidt hilft immer viel:
»Ich sage Euch:
Wiederholen ist nicht schlimm,
vorausgesetzt: Da steckt was drin!
Anders: Gedanken, die Ruhm nicht vertragen,
die soll man nicht mal einmal sagen.
Im Übrigen wird strikt empfohlen:
Das Gute! Wiederholen! Wiederholen!«
Ich sagte ja schon: Helmut Schmidt.

# Kapitel 7

# Das Gelingen von Demokratie

# Das Gelingen von Demokratie

Politik ist Staatskunst, steht im Lexikon.
Nun, was ist Staatskunst?
Ziemlich von oben jedenfalls.
Gut, dass die Demokratie in der Verbindung
von Staats-, Gesellschafts- und Lebensform
Gültigkeit und Macht gewonnen hat. Also auch:
Aufklärung, Informationen für alle Betroffenen
und Interessierten,
das Richtige und das Mögliche zu erkennen,
sich eine Meinung zu bilden
und in wirkungsvoller Weise
zu handeln. Darum geht's.
Johannes Rau kommt in Erinnerung:
»Politik ist nie nur das Durchführen von Maßnahmen,
sondern stets das dauernde Gespräch
mit den Bürgerinnen und Bürgern.«
Demokratie geht es nicht um den Beweis ihrer Macht,
sondern um die Integrität ihrer Ziele und ihres Handelns
und deren Erfolg.
Sie geniert sich nicht, gut sein zu wollen, und so
agiert sie, handelt sie.
Gelingt sie.
Wenn wir, Bürgerinnen und Bürger dieses Landes, alle (!),
mitreden, mitentscheiden, mitmachen.

Das ist keine Frage von Alter, Wohnort, Beruf, Glauben.
Von
Mitgliedschaft in SPD, Grüne, FDP, CDU/CSU, Linke.
Von Partei-Mitgliedschaft überhaupt.
Diese Demokratie kann gelingen.
Es liegt an uns
Demokratinnen und Demokraten
in Deutschland.

## Populärer Rückschritt?

Erst kommt das Fressen,
dann kommt die Moral.
So wurd's beklagt.
Nun wird gesagt!

Wir können doch
die Welt nicht retten.
Also ob wir Deutsche
keine Sorgen hätten.

Die soll'n zuhaus' in Afrika
mal schuften so wie wir.
Dann haben sie zu futtern
und feiertags ein Bier.

Erst kommt das deutsche Vaterland!
Gebt uns die Sache in die Hand!

So wird gedröhnt.
Schon dran gewöhnt?
Und '24/'25, bei den Wahlen,
gibt es dazu Zahlen.

NOCH IST ZEIT.

# Freiheit

Freiheit denken ist immer möglich –
Gedanken sind frei.
Freiheit leben ist immer gefährdet –
Doch freie Gedanken helfen dabei.
In Freiheit leben und handeln zu können.
Aufs Handeln kommts an.
Freiheit von und Freiheit zu.

Frei von
Not, Gewalt, von Hohn und Aberglauben,
von Angst und von Verlogenheit.
Freiheit zum Handeln,
zu Gerechtigkeit und Solidarität,
zu Freundschaft und zu Frieden.

Nicht einfach! Nicht leicht!
Es muss sich viel wandeln!
Richtig gedacht! Mach mit beim Handeln!
Für Freiheit.

# Gerechtigkeit.

Messen wir Gerechtigkeit primär
an den Bedürfnissen des konkreten Menschen?
An seinen Fähigkeiten?
An dem Bedarf der Gesamt-Gesellschaft?
An dem der Menschheit generell?
... für heute?
für morgen?
oder für wann?
Mit Befähigungs-Gerechtigkeit fängt die Lösung an,
ohne sie geht's nie voran.
Wissen und Können, Teilnahme und Teilhabe
müssen jeder/jedem von Kindheit an angeboten und
vermittelt werden:
Erziehung, Bildung, Ausbildung, Wissen,
Ermutigung, Mitsprache,
Akzeptanz, Vorsorge und Fürsorge.
Auch materielle Sicherheit.
Auch Mitverantwortung.
Zum Helfen bereit sein und zum Sich-helfen-Lassen.

Der Staat kann und muss Befähigungs-Gerechtigkeit
für jedes Individuum ermöglichen.
Lebendig und wirkungsvoll machen muss diese
die Gesellschaft in ihrer Gänze.

Und die/der Einzelne, Betroffene.
Nationalität und Landsmannschaft und Sprache und
Religion
dürfen keine Rolle spielen beim Willen,
Befähigungs-Gerechtigkeit zu erreichen.

30.–40.000 Kinder verlassen in Deutschland zur Zeit
Jahr für Jahr die Schule ohne Abschluss.
Nicht, weil sie dumm wären.
Dieser misslungene Anfang bestimmt oft die Strecke bis
zum Ende.
Da muss sich doch was machen lassen.

# Solidarität

Den anderen Menschen / die anderen Menschen mögen
wie sich selbst – das ist nicht neu. Jesus hat es gefordert
und Kant meinte es wohl auch. Wir sind, wenn wir
ins Leben kommen, auf Solidarität angewiesen, sehr.
Jahrelang. Und bekommen sie ganz überwiegend.
In der Familie, unseren Freundschaften, im Beruf.
Gewichtige Sozialsysteme und staatliche Vorsorge gehören
auch dazu.
Helfen und Sich-helfen-Lassen sind unverzichtbar.
Manchmal wird Solidarität als Ungerechtigkeit
empfunden. Das trifft oft die, die in Not, Verzweiflung
und in Hoffnung auf Hilfe in unser Land kommen oder
irgendwo in der Welt an uns appellieren.
Ja, der alte Spruch trifft die Realität: »Saatkartoffeln muss
man pflanzen. Man darf sie nicht essen oder verschenken.«
Aber der blanke Nationalismus, den manche daraus
ableiten, ist eine böse Karikatur und braucht eine klare
Antwort:
Moralisch – denn er ist unsolidarisch.
Politisch – denn er ist dumm.
Denn:
Die Herausforderungen auf unserem Planeten Erde –
8 Milliarden Menschen, steigende Zahl.
Umweltkatastrophen, Hungersnöte. Kriege, staatliche

Gewalt, Armut und Verzweiflung – sind national – egozentrisch nicht zielführend beherrschbar.
Der Internationalismus – weltumfassend – ist die einzige Chance, die Erde für uns Menschen als Bewohner/innen zu retten. Das gilt für uns und noch mehr für unsere Kinder und Enkel.
Solidarität ist ein gutes und das einzige Prinzip für die Sicherung der menschlichen Existenz!

# International

Die Zeit ist reif für das Thema.
Die Unlust auf es ist groß.
Das Büchlein zu klein.
Trotzdem:

Länder gab es, gibt es,
seit unsere Vorfahren vor etwa 900 Millionen Jahren aus dem Wasser an Land krochen
und langsam, aber zielstrebig
Menschen wurden,
dank ihres Muskels Hirn, der Fortschritt mochte
und Ordnung in die Dinge brachte.

Staaten gab es, gibt es,
seitdem das Miteinander
nicht mehr per Zuruf geregelt werden konnte
und Streit geschlichtet werden musste,
ohne Gewalt oder mit,
und Macht gefestigt und Recht gesprochen wurde.
Und eine gemeinsame Sprache wichtig.

Nationen gab es, gibt es,
seit die Königreiche ihre Krone verloren,
aber die Einbildung gewannen und betonten,

etwas außergewöhnlich Außergewöhnliches zu sein,
also alle Mitglieder ihrer Nation
sagenhaft Besondere und mit der Zeit
Anhänger/innen deutscher Leitkultur.
Deutscher Unsinn, ziemlich pur.

Die VEREINTEN NATIONEN – Respekt! –
sind der Versuch kluger, verantwortungsbewusster
Menschen in Nationen, Staaten und Ländern,
lebensgefährliche Parolen und Verhaltensweisen und Taten
zu bremsen, zu stoppen, zu regulieren,
Demokratie zu stärken,
Frieden zu stiften, Gewalt zu stoppen,
Notleidenden zu helfen,
die Gleichwertigkeit aller Menschen zu betonen.
Die EU – Europäische Union – ist Hoffnungsträger
für das Thema Internationalität.
Fortschritt, der unseren Lebensweg hoffnungsvoll begleitet.

»VÖLKER HÖRT DIE SIGNALE«
Klar, der Gag war zu erwarten.
Ich hör' die Häme – der weichen Wäscher und der Harten.
Doch deren Zeiten sind vorbei.
Schluss mit dieser Spinnerei.
Wir sind keine Königskinder.
Sind Deutsche, ganz normal.

Mit einer Wahl
klären wir,
wer f-ühren kann auf Zeit
und darf.
Und sind dabei Demokratinnen und Demokraten:
deutsch – europäisch – international!

Parole: Unsere Erde, die bleibt rund
und eignet sich für solchen Bund.

# Zentraler Faktor

Das Soziale ist auch Wirtschaftsfaktor. Klar. Deutschland ist Wohlstandsland, nicht nur obwohl, sondern auch weil wir Sozialstaat sind, demokratischer und sozialer Bundesstaat, der stets verbesserte und/oder neue Impulse gibt und braucht.

Freiheitliche Marktwirtschaft und Sozialstaat stützen einander.

Der Sozialstaat mit seinen Systemen gegen Armut, gegen und bei Arbeitslosigkeit, im Alter, bei Pflegebedarf, für Flüchtlinge, Vertriebene, Verfolgte, für Gesundheit, für Bildung und Ausbildung.

Eines so wichtig wie das andere.

Beiträge in mannigfache Sozialkassen und gerechte Steuern müssen die zielgerichtete Handlungsfähigkeit des Sozialstaates garantieren.

Die da angemessen einzahlen, Monat für Monat, dürfen stolz sein darauf und – wo es klemmt und eng wird – Entlastung oder höhere Hilfen einfordern.

Schon wegen der Wohlstandsfähigkeit des Landes, die sein weltweit beachtetes – manchmal beneidetes – Markenzeichen ist und bleiben muss.

## Ist Krieg

Nein, vorbei ist das noch nicht. Russlands Krieg ist schrecklich. Krieg ist eine Methode der Menschen, Macht zu verteidigen oder auszubauen. Mit Gewalt Macht über Menschen, über Länder, über Besitz, über das, was Wahrheit ist, zu erobern, sich anzueignen.
Putin hat am 24.2.2022 erklärterweise (unter peinlich verharmlosender Überschrift) den Krieg gegen die Ukraine begonnen und will ihn offensichtlich weiterführen.
Brutal, rücksichtslos auch gegen die Zivilgesellschaft.
Verhöhnend, schikanierend, mordend, Kinder raubend.
Empörung über sein Handeln, seine Forderungen und seine weiteren Drohungen kann man sich nicht verkneifen. Muss man auch nicht.
Hilft aber nicht hinreichend.
Nicht der Ukraine und ihren Menschen. Nicht dem Frieden vor Ort und in der Welt.
Putin darf nicht gewinnen!
Er ist ein Verbrecher, einer der schlimmsten dieser Art in dieser Zeit.
Nichts sonst.
Deutschland, die EU und die NATO müssen dazu beitragen, dass Putin nicht gewinnt.
Dieses wäre ein Sieg für die Demokratie weltweit.
Noch ist Krieg.

## Ein zynisches Verbrechen

Der Überfall am 7. Oktober auf Israel,
auf friedliche Bürgerinnen und Bürger dort,
auf zufällige Gäste auch,
war ein widerlicher schwerer Gewaltakt.
Er ist noch nicht zuende.

Dass Israel sich sofort wehren müsste und würde,
war den für das Verbrechen Verantwortlichen
selbstverständlich bewusst.
Sie haben trotzdem ihre eigenen Kinder, Eltern
und Alten und Soldaten der tödlichen Gegenwehr
preisgegeben. Zynisch.
Sie versuchen, damit Verständnis für ihren
Kriegsbeginn zu erreichen, mindestens ein Patt.
Das ist die doppelt bittere Wahrheit ihres Verhaltens.

## Der Stellenwert der Wahrhaftigkeit

Länder, auch Deutschland, müssen potenzieller Gewalt
– von außen und von innen – klare Botschaft geben:
Unsere Demokratie ist friedlich. Wir sind sicher:
Alle denkbaren Konflikte, die auftreten könnten,
sind friedlich besser zu lösen als mit Gewalt.
Und unsere Demokratie ist gewaltfrei.
Klar ist aber auch: Wir würden keine Gewalt gegen unser
Land, gegen
Menschen und/oder gegen die Demokratie zu ertragen
bereit sein. Wir kennen die Konsequenzen:
Die Wehrfähigkeit unserer Demokratie und unseres
Landes kostet viel Geld, das wir an anderen Stellen
gut gebrauchen könnten.
Aber Wehrhaftigkeit ist nicht entbehrlich. Das gilt
– wie gesagt – für Angriffe von außen und/oder von innen.
Die Demokratien der Welt, alle,
müssen in dieser Frage deutlich und
entschieden reden und handeln.

# Diese 20er Jahre

Die 20er Jahre des vorigen Jahrhunderts haben damals, und noch mehr im Nachhinein, viel Aufmerksamkeit bekommen. Der Schritt vom Kaisertum zur Demokratie, begleitet von Attentaten und Morden, von Weltwirtschaftskrise und Inflation, von dramatischen sozialen Verwerfungen, von Ratlosigkeit und Feigheit der bürgerlichen Repräsentanten führte von der jungen Demokratie in die Diktatur.

Und in die Drangsalierung und Ermordung jüdischer Menschen und anderer missliebiger kleinerer Gruppen, in Massenmord und Krieg und Vertreibung, in Not und Elend von Millionen Menschen. Auch von Menschen in anderen Ländern, die von Deutschen überfallen, geknechtet und vernichtet wurden.

Am Ende der 1920er Jahre begann nach dem Jahrzehnt des ehrlichen Versuchs und des leichtfertigen Umgangs mit den demokratischen Regeln das Jahrzehnt des Nationalsozialismus, das im verheerenden Krieg endete. Das zur knappen Erinnerung.

Auch zur Erklärung, weshalb die 2020er Jahre so ganz andere Ausgangslage und Bedingungen haben. Wir aber gewarnt sein müssen, wohin das leichtfertige oder böswillige Zerschlagen demokratischer Werte führen kann! Wir erleben mit Russlands Krieg in der Ukraine und den Massakern und Tragödien im Nahen Osten, wie gefährdet die demokratischen Errungenschaften sind, wie schnell und brutal sie Opfer von Gewalt werden können.

Im Augenblick müssen wir Not bekämpfen und Sicherheit und Frieden schaffen helfen. Und dürfen nicht vergessen, in unserem eigenen Land die Demokratie und mit ihr die Fahnen der Solidarität und des Friedens dominant zu halten. Es wäre ein wenig auch ein Zeichen Deutschlands an die Welt, besonders an Europa.

# Rein in die Parteien – die demokratischen

Frieden und Freiheit, Wohlstand und Gerechtigkeit, Klimaschutz und Teilhabe sind in und mit der Demokratie sicherer als ohne sie. Die Gleichwertigkeit aller Menschen findet mit und bei ihr Zustimmung.

Aber die Demokratie hat Konkurrenten weltweit, Gegner, Feinde. Auch bei uns in Deutschland. Es gibt auch für uns in unserem Land dringenden Handlungsbedarf. Man muss die Gründe und die Fakten nicht erst aufzählen. Sie sind offensichtlich: vor Ort, im Lande, in Deutschland, in Europa, in den USA, weltweit.

Demokratische Parteien sind nicht ohne Fehl. Der Streit um den richtigen Weg ist nicht selten heftig. Aber man ist sich Partner, Konkurrent, nicht Feind.

Es gibt gegenseitig begründetes Grundvertrauen. Das gilt für die in Deutschland zurzeit Regierenden: SPD, Grüne, FDP. Aber in gleicher Weise für CDU/CSU und Linke und für kleine »Andere« teils nur regional aktive Parteien und Gruppen.

Möglichst viele Menschen sollen in und mit ihnen aktiv sein. Sollen beitragen dazu, dass ihre Partei dem Grundgesetz entsprechend demokratisch denkt, spricht, sich organisiert und handelt. Und zur Willensbildung beitragen, wie im Grundgesetz vorgesehen. Die wichtigen Entscheidungen liegen oft bei den Parlamenten.

Je mehr Demokratinnen und Demokraten in den Parteien, in Kommunen, Kreisen, Bundesländern, Bund und Europa dazu beitragen, umso größer die Legitimität der Entscheidungen.

Kompromisse sind dabei vielfältig und oft unvermeidlich. Sie müssen kein Nachteil sein. Und manchmal sind sie klüger, als Parteitagsbeschlüsse es vordem waren. Ich weiß, man kann auch bitterer dazu formulieren.

Die Mitgliederzahlen der Parteien schrumpfen: Austritte, zu wenig Eintritte, die Alten – damals kamen viele – scheiden endgültig aus, viele also, wenn man sich die ein oder zwei kommenden Jahrzehnte vorstellt.

Diese Entwicklung darf nicht dem Zufall überlassen bleiben und plötzlichen, wunderbaren Einsichten. Es gilt, der Demokratie in turbulenten Zeiten erkennbar Kraft und Stabilität zu geben, ihre Gegner und Feinde zu stoppen.

Noch gibt es die Chance und hoffentlich die nötige Zeit dafür. Noch!

Untergehakt sind wir stärker und damit ist unsere Demokratie stärker. Es gilt, die Welt von heute mitzugestalten und so die von morgen vorbereiten zu helfen.

Leute, geht in die demokratischen Parteien. Werdet Mitglied. Denkt mit. Redet mit. Entwickelt mit. Entscheidet mit. Worauf noch warten? Es stimmt schon: Es passiert nichts Gutes – außer man tut es.

Ob wir es glauben oder wollen.

Unser Handeln hat Wirkung. Nichthandeln aber auch.

# Dutzend Gedanken zur Lage, die bleiben – mit Kommentaren

1. Jeder Zwölf-Punkte-Plan muss ein Ziel haben.
   – Richtig. Nicht mehr.
2. Für die Zukunft werben, auf Arbeit bauen.
   – Dem könnte man vertrauen.
3. Besser in der Mitte? Avantgarde ist an der Spitze.
   – Bis zur Kehrt-Marsch-Wende ...
4. »Stabile Form«? Nicht klug und nicht dumm genug zu sein, sich zu entscheiden.
   – Nicht entschuldbar.
5. Koalitionsmaxime: Wir wollen gemeinsam folgendes Problem lösen ...
   – Ja. Nicht: Wir wollen ein Problem so (!) lösen!
6. Gleichmut!
   – Erfordert Mut!
7. Was heißt denn »meistentwickelt«? Human, klug, mutig, macht-orientiert?
   – Lasst den Meistertitel ruhen.
8. Ohne veritable Unzufriedenheit keine echte Zufriedenheit!
   – Zurzeit ergibt das viel Zuversicht.

9. Demokratie kommt in die Krise, wenn sie sich verändert?
   – Krise und Veränderung sind Zwillinge. Verwechselungsgefahr!
10. Die Älteren sind jünger als die Alten.
   – Und die Alten werden älter.
11. Selbst wenn es stimmt, dass die Besten (zu) früh sterben:
   – ... setzt unsereins auf langes Leben.
12. Er konnte keinen Nagel gerade in die Wand schlagen.
   – Er wird es nie versuchen. Da bin ich mir sicher.

## Kapitel 8

# Kirche, Religion

# Dringliche Frage

Meine Eltern waren praktizierende Katholiken, römisch-katholisch. Sie haben mich 1940 in Neheim-Hüsten, wo ich im Krankenhaus geboren wurde, kirchlich taufen lassen. Seitdem bin ich nun Mitglied der römisch-katholischen Kirche, gute 84 Jahre.

Ich war das interessiert und teils gerne, in jungen Jahren zeitweise in der St.-Johannes-Kirche in Sundern, meinem Wohnort, aktiver Messdiener, auch Pfarrjugendführer. Ich bin nie sexuell belästigt worden. Ich habe zahlreiche achtenswerte Menschen gekannt (meine Mutter vornean) und kenne auch heute noch solche, Katholiken und andere Gläubige, die vorbildlich sind im Umgang mit anderen Menschen, wirksam im gesellschaftlichen Miteinander, von großer Wirkung vor Ort bis weltweit, in aktiver Nächstenliebe.

Vom katholischen Glaubensbekenntnis, dem CREDO, auf das ich getauft bin und das ich in meiner Kindheit oft überzeugt gebetet habe und das wohl in seiner Essenz unverändert gilt, ist mir im Laufe meines Lebens wenig geblieben: Ich glaube, ja, dass Jesus gelebt hat, wohl vor rund 2000 Jahren. Dass er gelitten hat unter Pontius Pilatus, dass er gekreuzigt wurde, am Kreuz gestorben ist und begraben wurde.

Nach allem, was ich weiß, gehört und gelesen habe, im Wesentlichen über die Bibel, zu Hause, durch die Kirche, die

Schule, war Jesus sympathisch, ein Mensch, den man mögen konnte. Dem ich offen begegnet wäre und den ich gerne als Freund gehabt hätte. Nächstenliebe, die er predigte und praktizierte, die er einforderte, und Solidarität, die ich als große politische Aufgabe sehe, passen zueinander.

Die anderen Teile des katholischen Glaubensbekenntnisses, auch die religiös-essenziellen Dinge – von der Schöpfungsgeschichte bis zu Gott und zum Himmel und dem Ewigen Leben – glaube ich aber nicht mehr.

Deshalb hier nun meine Frage:

Kann mir jemand Zuständiges aus der rk. Kirche die Entlassungsurkunde als Kirchenmitglied zuschicken oder – alternativ – schriftlich bestätigen, dass meine allgemeine Sympathie für Jesus reicht, Mitglied der rk. Kirche zu sein und zu bleiben und auch weiterhin Kirchensteuer zu zahlen? Oder hält man es dort doch für ehrlicher, auch die formale Mitgliedschaft in der Kirche zu beenden?

Auch weil die Bestätigung der Fortdauer der Mitgliedschaft bedeuten müsste:

Dass die Kirche ihre Rolle als Staat im Staate aufgibt.

Dass die Kirche unsere Demokratie auch insofern respektiert, als sie zukünftig sich konsequent den Gesetzen – auch der Strafgesetzgebung – unterwirft (das betrifft auch ihren Umgang mit den Straftaten von Kirchenrepräsentanten an Kindern und Jugendlichen).

Dass die Kirche zukünftig die Lebensweise ihrer Mitarbeiterinnen und Mitarbeiter nicht arbeitgeberrechtlich präjudiziert und »ahndet«.

Mit 84 Jahren Alter hat man mutmaßlich nicht mehr sehr viel Zeit, noch Entscheidungen von Gewicht zu treffen, die einen bedrücken. Hier habe ich eine, die bei mir offen ist, beschrieben. Sie ist mir wichtig. Inhaltlich ist sie für mich längst klar. Es geht um Formalitäten, ja. Aber sie haben essenzielles Gewicht. Sie sind zu wichtig, als dass sie verschwiegen und vertuscht sein und bleiben sollten.

Ich füge dem Brief noch einige Anmerkungen zu »Religion und Kirche und Demokratie« bei, die meines Erachtens von allgemeiner gesellschaftlicher Relevanz sind und meine Haltung diesbezüglich vielleicht für Gutwillige verständlicher macht.

Ich hoffe auf eine baldige Antwort.

Mit gleichwohl freundlichen Grüßen und Respekt für Menschen, die – anders als ich – an den zentralen Glaubenssätzen des CREDO festhalten wollen und/oder den Verantwortungsträgern der Kirche Dispens erteilen wollen für Taten und/oder Versäumnisse und die, die zeitgemäße Demokratisierung der Kirchenstrukturen zu verhindern versuchen. Ich verstehe die, die nicht austreten, weil sie die Grundüberzeugungen ihrer Kirche teilen. Respektiere die, die in vielerlei Hinsicht zeitgemäße Änderungen der Kirchenstrukturen in ihrem Wirken innerhalb der Kirchen anstreben. Ich bitte aber auch um Verständnis für die, die diesbezüglich die Hoffnung aufgegeben und sich auch real, in aller Form, für Austritt und Distanz entscheiden; zu denen ich gehöre.

Franz Müntefering, im Frühjahr 2024

## Anmerkungen zu »Religion und Kirche und Demokratie«

Wenn zahlreiche Menschen – wie in diesen Jahren – die christlichen Kirchen verlassen, wie wir es zunehmend erleben , und so die Zuwendung zur Kirche und die Teilnahme an Gottesdiensten und am kirchlichen Leben schrumpfen, darf man weitgehende Gründe und erhebliche Folgen vermuten. (Damit beschäftigen sich die folgenden Seiten. Es soll aber hier am Anfang gleich auch darauf hingewiesen sein, dass außer Kirchen auch Parteien und Gewerkschaften und viele Vereine an Mitgliederschwund leiden. Hochmut gegenüber den Kirchen steht niemandem gut. Es gibt eben auch die anderen genannten gesellschaftlichen Bereiche, über die ich mich hier zur aktuellen Herausforderung äußern könnte. Aber hier nun zu den Kirchen und ihren Rollen.)

Zurzeit sind viele Menschen entsetzt über die sexuellen Übergriffe, die aus der Gesellschaft und manchen Vereinen und Einrichtungen bekannt werden, zugespitzt aber auch aus der Katholischen Kirche, wo eine besonders unwillige Behandlung des Themas durch Kirchenrepräsentanten Klärung und Wiedergutmachung willentlich vertuscht erscheinen lassen. Es scheint ungeniert deutlich, dass die Kirche sich als Kirche auch in diesem Thema als gesellschaftliches Machtinstrument begreift, das die strafrechtliche Begleitung nach eigenem Gutdünken organisiert. Dass das konkrete Handeln der Kirche sich hier nicht am Gebot der Nächstenliebe orientiert, ist offenbar. Dass sie in für sie wesentlichen Fragen Staat im Staate bleiben will, auch. Neu ist das seit Hunderten von Jahren nicht, aber auch nicht akzeptabel.

Religion ist in der Geschichte der Menschen entstanden, weil wir – bei Weitem nicht allwissend, aber doch mit lernfähigem Gehirn ausgestattet – wissen wollten und wollen, wer wir sind. Woher? Wohin? Wie sind wir entstanden und so geworden, wie wir Menschen heute leben? Wie war die Erde entstanden und wie veränderte sie sich? Gab es / gibt es eine gestaltende Intelligenz über uns? Einen Geist? Gott?

In früher Kindheit und Schule wird einem – wenn man Kirchenmitglied ist – das Märchenhafte der biblischen Geschichten als schwer zu begreifende, aber unumstößliche Wahrheit und Weisheit vermittelt. Man durchschaut manches, aber bleibt doch nachsichtig wohlwollend, denn das alles dient offensichtlich dem Bemühen, mit den überlieferten (oder erfundenen) Worten und Verhaltensweisen großer Menschen (also Jesus, Maria, die Apostel, Heilige, Wissenschaftler, Religionslehrer) uns Menschen insgesamt zu menschlichem Zusammenleben anzuhalten. Falsch ist das ja nicht, darf man denken. Manches ist sogar hilfreich und »segensreich«, wie Gläubige sagen. Wahr ist vieles erkennbar nicht, orientierend für suchende Menschen aber doch. Du darfst dich lieben und sollst die anderen Menschen lieben wie dich selbst. Man kann das interessant finden und sogar spannender und verständlicher als bei großen Philosophen, die Jahrhunderte nach Jesus und der Bibel in harter wissenschaftlicher Arbeit zu sehr ähnlichen Ergebnissen kamen. Der »kategorische Imperativ« klingt nur jung, er ist wohl älter.

Manche in den Kirchen haben den Kern und den Zweck nicht vergessen. Und handeln auch so. Dank und Respekt.

Aber vor zweitausend Jahren war in Jerusalem wohl noch nicht bekannt, und das sollten wir Jesus und den Aposteln nicht zum Vorwurf machen, wie der Planet Erde entstanden ist und sich entwickelt hat und welche Rolle dabei der Mensch – wir Menschen – spielten und immer noch spielen. Einiges in der Geschichte der Erde und der Menschen ist aber seitdem doch klarer und richtig klar geworden, und das sollte auch seitens der Kirche auf die Höhe unserer Zeit gebracht und anerkannt werden.

Nächstenliebe und organisierte Solidarität in komplexer Gesellschaft sind und bleiben bedeutsame Bedarfe, die wir auch mit »Gleichwertigkeit aller Menschen« übersetzen dürfen. Und so sind wir bei den Allgemeinen Menschenrechten und bei unserem Grundgesetz, 1948 und 1949. Viele andere Tatbestände wären auch erwähnenswert.

Das sind bedeutsame politische und gesellschaftliche Orientierungen, die vielerlei Herkunft und Bezug haben, aber eben auch – weshalb denn leugnen? – in beachtlichem Umfang zur alten Religion.

Aber – auch wahr – Solidarität und Nächstenliebe haben ihre Wurzeln nicht nur im Religiösen. Alle Menschen sind in gleicher Weise dazu fähig. Manche haben in Kirchen und Religion starke Wurzeln. Andere anderswo. Das ist nicht zwingend ein qualitativer Unterschied. Man trifft sie an Not-, Kranken-, Pflege- und Sterbebetten zum Beispiel. Alles ist in Bewegung. Auch die Antworten auf: Woher? Wohin? Das gilt eben auch für die Grundlagen und Aussagen Jahrtausende alter Religionen.

Wir sind in unserer Geschichte – nicht perfekt, aber immerhin – bei der Demokratie angekommen und Religion und Kirche müssen das akzeptieren. Gottesgeschichten, Wunder und Himmel und Hölle, Gut und Böse, wenn sie sich jenseits aller Plausibilität bewegen, sind kein Lehrstoff für unsere Enkelkinder und rechtfertigen keine kirchliche Sondermacht in der Demokratie.

(Die Kirchen haben ihre eigenen Geschichten: Aus einem alten Dorftheater aus den 1920er Jahren – also so alt nicht einmal – ein Zitat dazu. »Dienen muss der faltenreiche Kirchenmantel vielen Zwecken: Ehrsucht, Habsucht, Machtgelüste, Hass und Rache muss er decken.« Genau das darf der

Kirchenmantel nicht. Das muss der Staat, unsere Demokratie verlangen. Und das müssen die Kirchen durchsetzen.) Das vorläufige Resümee: Die Situation der Kirchen ist mit dem Thema sexuelle Verfehlungen und unzureichende Reaktion der Kirchenfürsten schon erheblich geschwächt. Das mag man von außen als »nur gerecht« empfinden. Aber die Kirchen verlieren mit alldem auch in hohem Maße an religiöser Plausibilität. Wie wollen sie bei dieser Lage mit ihren Geschichten aus den alten Büchern tragende Antworten geben zu existenziellen und Sinnfragen heute?

Wenn die Geschichte unseres Planeten und der Menschheit und deren Zukunft nicht bald verstärkt und mit plausiblen Fakten zum Woher und Wohin auch von den Religionen glaubwürdig und wenn Nächstenliebe / Solidarität nicht zur Messlatte der weltlichen Dinge gemacht werden, reicht die Bibel nicht zu mehr als zu märchenhaftem Zeitvertreib und zur Erinnerung an »damals« aus.

Kein schönes Ende.

Wenn die Religionen – die Institution Kirche zumal – zur Menschheitsgeschichte, zur Demokratie und zur Perspektive der Erde und der Menschheit ihren Glauben und sich als demokratische Vorbilder anbieten, werden sie auf immer weniger Glauben stoßen und nicht auf Vertrauen rechnen können. Aber ...

... Glaube spendet Trost und Hoffnung, und die Nächstenliebe der Bibel und die Menschenrechte der Demokratie sind Verwandte.

Ist das die Erwartung? ... das Kalkül?

Und tatsächlich scheint es an vielen Stellen so, dass immer noch der GLAUBE das WISSEN schlägt. Neu ist das Prinzip ja nicht.

Es ist vernünftig, wenn wir das nicht bestreiten, aber:

ES NICHT GLAUBEN!

Wir werden, wenn es gut gehen soll mit der Geschichte der Menschheit, wenigstens erträglich, nah an die wahrscheinliche Wahrheit heranrücken müssen.

Wenn Kirchen das aus auch machtpolitischen Gründen nicht vermögen, müssen die ehemals »Gläubigen« ihren Weg außerhalb der Kirchen gehen. Viele von ihnen sind bereits unterwegs.

## Anhang zu den Anmerkungen zu »Religion und Kirche und Demokratie«

# GLAUBEN kontra WISSEN

Neben und mit dem verbindlichen Wissen
gibt es noch so manches:
an gesundem Menschenverstand
vermutetem Vermuten
Ahnung haben
Hören, Lesen, Träumen
Sich-eigentlich-Wünschen
Für-wünschenswert-Halten
Für-wahrscheinlich-Halten
Für-machbar-Halten
Spekulationen-Haben
Irgendwie-doch-Geheimnisvolles-Ahnen
Sich-so-gut-wie-sicher-Sein.
Trost im Glauben finden, der Trost spendet.

Es ist eben doch viel leichter,
etwas fest bis irgendwie zu glauben,
als es nur (!) zu wissen.
GLAUBEN SCHLÄGT WISSEN!
Es ist gut, wenn wir <u>das</u> wissen, aber:
ES NICHT GLAUBEN!

Kapitel 9

# Lebensgeschichten

## Stockschläger

Er kam aus einer großen Familie mit vielen Kindern, eher ärmlich. Brüder vor ihm waren in den Klassen der rk. Volksschule über uns und unter uns. Fußball war nicht so seine Sache, aber bei den Geschicklichkeitsspielen mit Steinen auf dem Schulplatz war er recht clever.

Das Auffälligste an der Familie war die resolute Mutter, klein, die wutschnaubend in den Unterricht platzte und sich beschwerte, dass ihre Kinder, gezielt ihre, schlechter, viel schlechter behandelt würden als die meisten anderen. Weil sie eben arm seien. Sie hatte recht, fühlten wir anderen.

Ab und an riss sie ihren Sohn aus der Bank, aus dem Klassenzimmer und schickte ihn und manchmal auch Geschwister von ihm in eine andere Volksschule in einem kleinen Dorf nicht weit außerhalb. Bis dann wohl irgendeine Behörde hineinfunkte und dafür sorgte, dass die besagten Kinder wieder in die Schule gingen, die nach Gesetz und Ordnung für sie zuständig war, unsere rk. Volksschule.

Wir durften uns nichts anmerken lassen, wenn sie mal wieder kam, aber waren gespannt, denn meistens wurden es tolle Szenen. Und – das war das Schöne daran – das passierte immer beim selben Lehrer, dem Schläger. Dieser Lehrer, ein Widerling, nein schlimmer, versuchte der Mutter von H. zu widersprechen, aber er wagte es nicht, den Sohn festzuhalten oder die Mutter erfolgreich des Raumes zu verweisen, bevor sie ihren Sohn an ihrer Hand hatte. Der Stockschläger versuchte es, aber dann traf ihn eine kreischende Wut und ein Wall von Spucke. Komisch, aber gerecht, ihr Verhalten fanden wir toll. Toll.

Wir Schüler (Jungen und Mädchen können nicht gemeinsam erzogen werden, 1946 – 1954) unterdrückten die Freude über die Abreibung, die dieser unsympathische Schlägerlehrer jedes Mal erlebte. Aber wir hatten nie die Courage, wohl auch nicht die Idee, mit über vierzig Jungen, acht bis zehn/elf Jahre alt, uns gemeinsam auf den Lehrer zu stürzen und ihm handfest die Fresse zu polieren. Wieso eigentlich nicht? Waren wir zu Waschlappen erzogen?

Das Schlagen gehörte zum Alltag der rk. Volksschule dazu. Sehr unterschiedlich intensiv in den einzelnen Klassen:

Selbst den Stock aus der Ecke holen, ihn an den Lehrer geben, sich über die erste Bank beugen, die Schläge laut mit zu zählen.

Es traf nicht alle in gleicher Weise, einige aber zweistellig und recht häufig. Lehrers Sohn war dabei. Was ist das für eine Familie, dachte ich oft. Und die – wie ich – ungeschlagen davonkamen, waren mitleidig, verängstigt, nicht auf Gerechtigkeit und konkrete Hilfsbereitschaft eingestellt. Die kamen dann im Religionsunterricht zur Sprache, jenseits von Stockschlägen. Praxis und Theorie in der katholischen Volksschule, um 1950.

H. habe ich nach unserer Schulentlassung bald aus den Augen verloren. Und der Schlägerlehrer wurde in eine andere Stadt versetzt. Ob das eine Maßnahme der Schulbehörden war, weil vielleicht doch Eltern intern gegen ihn angetreten waren und seinen Abschied verlangt hatten? Ich hoffe es, weiß es aber nicht.

Zu unseren Klassentreffen, die wir von Zeit zu Zeit organisierten, kam auch H. aus seiner neuen Wohnstadt im Norden der Republik. Frisch und munter, gut gekleidet, mit viel Selbstbewusstsein. Er hatte ein Dienstleistungsunternehmen gegründet und war wohl in gesicherter Position. Dumm oder faul war er ja nicht, nie gewesen.

Einmal setzte er sich zu mir und einigen anderen und fragte, ob wir die Adresse des Lehrers O. wüssten.

Der sei doch verzogen.

Wohin?

Die Stadt wussten wir, aber nicht die genaue Anschrift.

Ob wir die genaue Anschrift herausbekommen könnten?

Vielleicht ist er schon tot, er war ja einige Jahrzehnte älter als wir.

Vielleicht lebt er aber, ich brauche die Adresse.

Willst Du ihn besuchen?

Besuchen ist gut: Ich bringe ihn um.

Wie er das sagte, sah man die Trauer, den Zorn, aber auch den Stolz, trotz dieses Mannes, dieses Feindes, das Leben menschlich und erfolgreich zu führen.

Die Suche nach Straße und Hausnummer wurde nicht aufgenommen.

OK, sagte H., ok, wäre auch ein bisschen viel Ehre für den

Halunken, für ihn ins Gefängnis zu gehen.

Leben wir munter weiter. Er soll sich aber gut verstecken, damit er mir nicht zufällig begegnet. Es würde eine Abrechnung werden. Ich bin spontan bereit, jederzeit.

## Die Un-Schwulen

Es war nicht so, als wir 1946 in die Volksschule kamen, dass wir die Besonderheiten der Zeit überhaupt nicht gekannt hätten. Wenn man Hunger hat, auch Kohlen und anderer Brennstoff fehlen und Papa im Krieg oder in Gefangenschaft ist, spitzt man die Ohren und lauscht, wie andere ihre Probleme lösen. Zigaretten und Kippen sammeln, um sogenannte »Kompensationsgeschäfte« machen zu können.

Es gab angeblich dunkle Ecken, in denen man sich dazu traf. Die Größeren sprachen vom Wald, warnten aber: Das ist nichts für euch, haltet euch da raus. Also habe ich solche »Geschäfte« nie erlebt, sicher auch weil meine Mutter geborene Hoffnungsträgerin war und mich deutlich warnte. Sie sammelte Reisig im Wald und aß wenig Brot, fand ich.

Mir ging es um Brot und Äpfel. Es gab ja bis 1950 Lebensmittelkarten mit rationierten Portionen. Ich wusste, wann Bäckerei Kaiser Brot backte und man sich anstellen musste, um irgendwann verlässlich das zustehende Stück Brot zu bekommen, nicht frisch gebacken aufgeplustert und nicht, was seltener war, angetrocknet.

Äpfel zählten meine Mutter und ich aber heimlich unter legalen Mundraub und passten das ganze Jahr über auf, wo man Äpfel (auch Birnen) für den Winter bekam, stibitzen konnte – gut: klauen. Kartoffeln – klar.

Montags – manchmal öfter – war in der Schule Kochgeschirrtag, denn es wurde Quäkerspeise ausgeteilt. Wir wussten wohl, dass Quäker keine Katholiken sind, aber wir machten uns kein Gewissen daraus, und selbst die Tiefgläubigen ließen deren Essensspende als quasi katholische Nächstenliebe gelten. Die Grießsuppe mit den Rosinen war prima.

Also standen wir in langer Reihe vor den Töpfen und warteten. Die Größeren sollten die Kleineren vorlassen, aber das klappte nur bedingt. Und in dem Gemurmel der langen Reihe hörte man lautes Gekicher: Siehste, die beiden sind doch schwul. Die beiden wussten sofort, dass sie gemeint waren, gingen auf Distanz zueinander und zeigten allen den Vogel, Klasse 6 oder 7. Manche gackerten laut weiter. Andere wie ich wussten nicht so recht. Unangenehm war die Situation jedenfalls. Der Rektor war alarmiert und kam dazu und lud die beiden zum Gespräch ins Büro. Die Gröhler auch, mit ziemlicher Lautstärke.

Im Wörterbuch wurde das Ganze etwas klarer für mich und andere. Homosexualität. In unserem Städtchen. Irgendwie beruhigte sich die Szene bald. Aus beruflichen Gründen zogen sie später in eine andere, größere Stadt. So oft ich sie sah, habe ich die beiden – zugegeben – unauffällig beobachtet. Nichts Besonderes. Aber oft zusammen zu sehen. Die allermeisten werden die Szene am Suppentopf längst vergessen haben. Vielleicht auch die Angepöbelten. Und vielleicht war es doch nicht die Mehrheit, die hämisch und diffamierend reagiert hatte. Jedenfalls gehörte das Wort bald zur Allgemeinsprache und keiner zuckte mehr.

Am besten wäre gewesen, die Autoritäten der Schulen hätten das gleich am Suppentopf geklärt und geregelt. Wenn derlei passiert ist, dann ist die Glaubwürdigkeit nur noch kurze Zeit hundert Prozent wert.

Manchen Kindern und Jugendlichen wäre viel erspart geblieben. Sie hätten sich nicht verstecken oder einen anderen Wohnort suchen müssen.

# Der Brief im Couvert

Falls sie weint, weint sie still nach innen, sie wischt sich keine Träne ab. Aber alle an diesem Grab weinen still, ein fast 80-Jähriger, den man beerdigt, treibt nicht in die offene Trauer oder gar Verzweiflung. Normalität, wie man sagt. Ein erfülltes Leben.

Ich habe ihn nie gesehen. Aber dann auch nie vergessen in den bald achtzehn Jahren seitdem. Ihre Fotos von ihm erinnere ich, verschwommen. Kroll, Otto Kroll, ein Fels, ein Menschenfreund. Ihr Vater. Das wusste ich. Das saß. Auf ihn war Verlass.

Auch jetzt an seinem Grab zeigt sie ihr Gesicht ohne Schleier. Diese Frau.

Ihr Haar rechts gescheitelt, wie damals sicher auch. Wenn da links eine kleine Narbe entstanden ist, sieht man diese nicht.

Als wir uns an jenem Abend trafen, wusste ich sofort, dass was zu klären war. An ihren Vater dachte ich nicht. Ich drängte, zunächst etwas essen zu gehen.

Ist was? Natürlich war was. Sie winkte bald den Kellner heran. Bezahlen. Ich bleibe heute Nacht bei Dir, sagte ich.

Sie tritt jetzt etwas vom Grab weg, der Mann an ihrer Seite. Wohl ihr Mann. Der Pfarrer, der laut für den Toten, für alle Toten und für den oder die, die als »Nächste vor das Angesicht Gottes gerufen« würden, gebetet hat, hat seine Mission erfüllt, nickt und geht gemessenen Schrittes.

Damals, an dem Abend, stapften wir durch das Winterwetter zu ihrer Wohnung. Ich fragte sie, ob sie sich in Umständen fühle. Sie schüttelte den Kopf. Mehr fiel mir nicht ein.

In ihrer kleinen Wohnung angekommen, warf sie sich aufs Bett und weinte. Ich wusste nicht. Fünf Minuten. Zehn Minuten. Sie hatte plötzlich eine kleine Pistole in der Hand und schoss und tobte. Verwahr das, sagte sie zu mir und gab mir ein Briefcouvert. Die Nachbarn schellten, sie hatten die Polizei gerufen. Einer von denen murmelte etwas von der Revolution, die ihre Kinder frisst. Ungefährlicher Streifschuss links oben am Kopf, hielten die Polizisten fürs Protokoll fest. Die Pistole nahmen sie mit. Das verschlossene Couvert, das sie mir zugeschoben hatte, hatte ich in der Tasche und gab es ihr wieder zurück.

Die Trauergemeinde bewegt sich langsam vom Grab weg. Letzte Blicke. Sie sieht mich an und wartet. Ihr Mann und die beiden jungen Leute wenden sich Richtung Friedhofstor.

Als sie mir die Hand gibt, sieht sie mich an und sagt: Danke, dass du hier bist. Sie nimmt ein Briefcouvert aus ihrer Handtasche. Mit Spuren von damals! Ich erinnere mich sofort und frage sie: Was steht drin? Dass ihm dann lieber wäre, ich wäre tot. Weshalb? Spielt das eine Rolle? Wie hat er das später erklärt? Wir haben nie darüber gesprochen. Weshalb nicht? Was könnte man dazu sagen?!

Sie reicht mir das Couvert. Ich nehme es und sehe ihr zu, wie sie ihrer Familie folgt, mir kurz zuwinkt und sich bei ihrem Mann unterhakt und mit ihren Kindern spricht. Ich vermute, es sind ihre Kinder, zwei.

Ich könnte das Couvert öffnen, den Brief zerreißen und ihn noch ins Grab ihres Vaters werfen. Aber der, der ihn damals geschrieben hat, ist tot auf immer. Möglicherweise hatte er den Brief längst vergessen.

Weshalb hat sie ihn mir gegeben, nachdem sie ihn mit an sein Grab genommen hatte? Ich stecke das Couvert in meine Rocktasche: Wir waren schon damals ein besonderes Paar. Ein seltsames. Und daran wird sich auch nichts mehr ändern.

Der Brief: Ob ich ihn lese?

Franz Müntefering
LITERATUR SPIEGEL Bestseller
UNTERWEGS
Älterwerden in dieser Zeit
DIETZ